Alfred Binder

Religion

WØ178812

Alfred Binder

Religion
Eine kurze Kritik

Reihe Kritikpunkt.e

Alibri

2014

Alfred Binder studierte Philosophie und praktiziert seit dreißig Jahren Zen. In der Reihe *Kritikpunkt.e* erschien zuletzt seine kurze Kritik der monotheistischen Götter *Jahwe, Jesus und Allah*. Außerdem veröffentlichte er bei Alibri die Studie *Mythos Zen*.

Alibri Verlag
www.alibri.de
Aschaffenburg
Mitglied in der *Assoziation Linker Verlage* (aLiVe)

Zweite, korrigierte Auflage 2014

Umschlaggestaltung: Claus Sterneck
Druck und Verarbeitung: Interpress, Budapest

ISBN 978-3-86569-120-0

Inhaltsverzeichnis

Warum Religionskritik?

Eine Sache des Gefühls

Dieses Buch ist kein originelles Buch, es enthält keinen einzigen neuen Gedanken, dieses Buch ist eine Sammlung von Selbstverständlichkeiten. Wie der anonyme Autor eines über 200 Jahre alten religionskritischen Traktats bin ich der Meinung, man benötigt lediglich „ein wenig gesunden Menschenverstand",[1] um sich über die Religion klar zu werden. Man muss diesen Verstand nur einsetzen.

Ich erinnere mich, wie vor einigen Jahren in einem der zahllosen Fernsehberichte über die islamische Welt ein pakistanischer Moslem Allah dankte, dass er das Glück hat, ein Gläubiger der wahren Religion zu sein. Vermutlich fühlen und denken die meisten Anhänger einer Religion so wie dieser Moslem: Sie sind überzeugt, ihr Glaube sei der einzig wahre, und sie sind dankbar, gerade ihm anzuhängen. Ich erinnere mich auch, wie mein Sohn, mit acht oder neun Jahren, eines späten Nachmittags von einem Schulkameraden aus einer religiösen Familie nach Hause kommt und dankbar seufzt: Wie bin ich froh, dass wir nicht religiös sind! Und mein Freund Gerd, obwohl in einer calvinistischen Familie groß geworden, kann gar nicht verstehen, wie man heutzutage noch religiös sein kann.

Ein Gespräch über die Wahrheit der Religion ist unter anderem deshalb so schwierig, weil für beide Seiten, der religiösen wie der nichtreligiösen, ihre Sache zuerst einmal eine der Gefühle ist. Für den religiösen Menschen ist die Religion so selbstverständlich wahr und notwendig, wie es wahr und notwendig ist, dass der Mensch atmen muss. Wer die Religion kritisiert, dem fehlt „echte Tiefe" des Denkens und Empfindens, wer nur gewissenhaft in sich hineinhorcht, weiß, dass es mehr gibt, als sich unsere Schulweisheit träumen lässt. Wer die Religion oder Gott bestreitet, kann für viele religiöse Menschen nur ein Agent des Teufels sein.

Für den nichtreligiösen Menschen ist Religion so selbstverständlich eine Sammlung aus Legenden, Sagen und Märchen aus alten Zeiten, dass ihm eine Diskussion über ihre Wahrheit so absurd erscheint wie eine Diskussion über die Wahrheit von Tolkins *Herr der Ringe*. „Glaube mag ja für viele Menschen tröstlich sein", fasst ein Leserbrief in einer Tageszeitung das Empfinden vieler „Nichtgläubigen" zusammen, „aber für ein vernunftgesteuertes, aufgeklärtes Wesen ist es auch eine Zumutung, immer und überall mit mittelalterlichen bis antiken Welterklärungsversuchen, das sind nämlich Religionen, konfrontiert zu werden. Jegliche Religionskritik wird in diesem, unserem Lande gleich als eine Beleidigung von Gläubigen angesehen. Aber für mich ist die zunehmend öffentlich zelebrierte und nach politischer Einflussnahme heischende Hingabe an eine Religion auch eine Beleidigung des aufgeklärten Menschenverstandes."[2]

Tief empfundene Gewissheiten, ob nun die, dass Gott existiert, oder die, dass Religion Unsinn ist, sind selbstverständlich keine Wahrheitsgarantien. Das zeigt allein schon, dass so viele Menschen die gegensätzlichsten Weltanschauungen als absolute Wahrheiten empfinden. Für einen Christen ist Jesus zweifellos der Sohn Gottes, für einen Moslem ist er zweifellos nur ein Prophet, für einen Atheisten schlagen sich beide zweifellos mit unsinnigen Vorstellungen herum.

Angst um die Freiheits- und Gleichheitsrechte

Noch vor wenigen Jahren konnte die Religion unter dem Motto betrachtet werden, jeder soll nach seiner Fasson selig werden. Inzwischen empfinden viele Menschen, vor allem im sogenannten Westen, die Religion als die größte Bedrohung der Errungenschaften der Menschheit, als eine Bedrohung der in den letzten Jahrhunderten von unzähligen Menschen unter qualvollen Opfern erkämpften Freiheits- und Gleichheitsrechte und der mit ihnen einhergehenden materiellen Lebensverbesserungen. Die Menschen haben Angst um die Früchte der Aufklärung, um Früchte, deren guter Geschmack vielleicht erst wieder bewusst wird, wenn sie zu essen verboten worden ist.

Ursachen des Fundamentalismus

Religionen bedrohen heute nicht nur wegen extrem rückwärtsgewandter gesellschaftlicher Vorstellungen Freiheit und Frieden von Gesellschaften, sie bedrohen, wegen ihrer Ablehnung von Geburtenkontrolle, das Überleben der Menschheit. Die Überbevölkerung, im Verein mit der ungerechten Verteilung der Ressourcen und Einkommen, ist mit Abstand das größte Problem unserer Zeit. Ursache des islamischen Fundamentalismus ist die Überbevölkerung in den islamischen Ländern, verbunden mit undemokratischen Regierungen, mit Cliquen von Herrschenden, welche den Reichtum unter sich aufteilen. Die Zunahme der Gläubigen in der Welt hat sehr wenig mit der Überzeugungskraft der Religionen zu tun, aber sehr viel mit wirtschaftlicher Not und den hohen Geburtenraten religiöser Gesellschaften.

Die Weltbevölkerung zählt zurzeit zirka sieben Milliarden Menschen, die Anhänger der drei größten Religionen machen weit über die Hälfte der Menschheit aus, nämlich zirka 4,5 Milliarden. Diese drei Religionen, Christentum, Islam und Hinduismus, lehnen Empfängnisverhütung ab.

Atheismus: Ein Bruch in der Bewusstseinsgeschichte der Menschheit

Der Übergang von einer religiösen Weltdeutung zu einer nichtreligiösen, wie er sich seit dem 19. Jahrhundert, von Europa ausgehend vollzieht, bedeutet vielleicht den größten Bruch in der Bewusstseinsgeschichte der Menschheit. Wahrscheinlich wirkte keine Idee so einschneidend auf das Selbstverständnis von Menschen und Gesellschaften wie die einer „gottlosen Welt". Den islamischen und christlichen Fundamentalismus kann man verstehen als das letzte Aufbäumen der vormodernen Welt gegenüber der „Zumutung" einer „entzauberten Wirklichkeit", dem Fehlen eines himmlischen Daches. Wenn Religion eine Droge ist, wie Karl Marx meinte, dann sind die heutigen fundamentalistischen Auseinandersetzungen Kämpfe von Süchtigen um den reinen harten Stoff.

Macht man religiöse Menschen auf die Schattenseiten der Religion aufmerksam, wie die Unterdrückung und Ausbeutung von Anhängern oder unmoralisches Verhalten ihrer Führer, entgegnen sie häufig, die religiösen Lehren seien wahr und gut, nur die Menschen machten Schlechtes aus ihnen, seien nicht willens, nach ihnen zu leben oder legten sie falsch aus. Ich meine, dem ist nicht so, die allermeisten religiösen Lehren sind nicht gut, geschweige wahr, deshalb gelingt auch den Gutwilligen, denen, die sich ernsthaft bemühen, den religiösen Lehren entsprechend zu leben, nur selten ein den Lehren entsprechendes Leben.

Das Thema dieses Buches ist nicht die Vielfalt der religiösen Erscheinungen. Die Geschichte der Religionen und Aspekte einzelner Religionen werden nur soweit behandelt, wie sie für das Verständnis von Religion an sich wichtig sind. Das Hauptthema dieses Buches ist die Frage, ob die Religion wahr ist.

Was ist Religion?

Die einzigartige Eigenschaft der Religion

Eine Definition gibt die Eigenschaften von einem Ding an, die es von anderen Dingen unterscheidet. Definitionen dienen dazu, einen Gegenstand oder Sachverhalt zu identifizieren.

Was sind nun die besonderen Eigenschaften der Religion, worin unterscheidet sie sich von anderen „Gegenständen"? Wie der christliche zeitgenössische Philosoph Franz von Kutschera bin ich der Meinung, die spezifische Eigenschaft der Religion ist die Transzendenz, Religion ist, „was sich auf Transzendentes ... bezieht".[3] Was bedeutet das?

Das Wort *transzendent* stammt aus dem Lateinischen und bedeutet *übersteigen*. Eine transzendente Welt oder Wirklichkeit ist eine, die über oder jenseits unserer alltäglichen Welt liegt, diese übersteigt. Mit transzendenten Welten oder Wirklichkeiten können entfernt gedachte Orte wie Himmel und Hölle gemeint sein, aber auch Parallelwelten feinstofflicher oder geistiger Art. Mit einer transzendenten Wirklichkeit wird im Allgemeinen eine Realität bezeichnet, die *jenseits* der alltäglichen Erfahrung liegt; das Gegenteil meint das Wort *empirisch*. Damit bezeichnet man die Wirklichkeit der diesseitigen Welt, der alltäglichen Erfahrung. In diesem Buch sage ich für *transzendent* meist *jenseitig* oder *übernatürlich.* Manche Menschen glauben, die jenseitige Welt und unsere alltägliche seien ein und dieselbe Welt, die jenseitige verstehen sie als so etwas wie die verborgene geistige Seite der alltäglichen. Bei einer Weltanschauung, einem Glauben haben wir es jedenfalls nur dann mit einem religiösen zu tun, wenn er auf ein Jenseits baut, wie dieses auch immer vorgestellt werden mag. Alles, was mit diesem Bau zusammenhängt, fällt unter den Begriff Religion. Deshalb definiere ich den Umfang der Religion wie folgt:

●●● Definition: Zur Religion gehören alle Überzeugungen, Gegenstände, Verhaltensweisen und Institutionen, für die Menschen einen Jenseitsbezug behaupten. ●●●

Definitionen der Religion

Religion ist ein komplexes Phänomen; wie Sport, Kunst und Politik enthält sie viele Aspekte und wirkt in viele Bereiche hinein. Religion gehört zweifellos zu den „Gegenständen", die wir Weltbild, Weltanschauung oder Weltdeutung nennen. Religion ist eine unter mehreren Weltanschauungen. Was aber unterscheidet die religiöse Weltanschauung von anderen Weltanschauungen? Anders gesagt, was haben alle religiösen Weltanschauungen gemeinsam? Ich habe es schon genannt: Alle Religionen haben auf jeden Fall eine Gemeinsamkeit:

●●● Definition: Religionen sind Weltanschauungen, welche die Existenz von Transzendentem, Übernatürlichem, Jenseitigem behaupten. ●●●●●●●●●●●●●●●●●●●

Eine beliebte Definition der Religion aus der Perspektive von Gläubigen heißt:
Religion ist die Begegnung des Menschen mit dem Heiligen.

Ich halte Definitionen der Religion, die mit dem Begriff des Heiligen operieren, für falsch, weil auch nichtreligiöse Gesellschaften Heiliges besitzen. Heilig waren ursprünglich tabuisierte Gegenstände, Handlungen und später auch Personen. In demokratischen Gesellschaften sind, unter anderem, bestimmte Teile der Verfassung tabu, dürfen nicht geändert werden. Das Heilige, das Tabu dient dem Funktionieren einer Gesellschaft, der Aufrechterhaltung ihrer jeweiligen Ordnung, so wie die unveränderbaren Artikel einer Staatsverfassung. Heiligkeit ist also kein spezifisches Merkmal der Religion.

Die Religion hat natürlich verschiedene Funktionen. Sie soll dem Menschen Antworten auf die Fragen nach seiner Herkunft und der der Welt geben. Dazu gehören auch die sogenannten Sinnfragen, die Fragen nach dem Sinn des Lebens und dem von Leid und Tod. Die Religion soll den Menschen außerdem vor Feinden und einer bedrohlichen Natur schützen. Die Religion soll ihm zeigen, was moralisch richtig und falsch ist. Sie soll ihm helfen, mit den alltäglichen Problemen des Lebens besser zurechtzukommen. Und nicht zuletzt soll die Religion den Menschen vom Todeswissen entlasten.

Aber diese Funktionen sind keine spezifisch religiösen, auch nichtreligiöse Weltanschauungen versuchen diese Funktionen zu erfüllen. Das Spezifische der religiösen Funktionen besteht darin, dass die Religion sie mithilfe von Jenseitigem zu erfüllen sucht. So behauptet die Religion, die Regeln für das Zusammenleben stammen von jenseitigen Wesen, und sie entlastet vom Todeswissen, indem sie ein jenseitiges Leben verspricht.

●●● Definition: Funktionen der Religion:
1. Welt- und Daseinserklärung. 2. Förderung, Regelung und Schutz des sozialen Lebens. 3. Förderung, Regelung und Schutz des persönlichen Lebens. 4. Entlastung vom Todeswissen. ●●●●●●●●●●●●●●●●●●●●●●●●●

Religion beinhaltet auch eine bestimmte Weise, mit Dingen umzugehen, bestimmte Dinge zu tun oder nicht zu tun. Religiöse Menschen beten, besuchen Gottesdienste, vollziehen Rituale, kleiden sich nach bestimmten Vorschriften, essen bestimmte Nahrungsmittel, beachten besondere Verhaltensanweisungen usw.

Dass Lebens- und Verhaltensweisen als religiöse betrachtet werden, liegt wiederum an dem Jenseitsbezug, den die Gläubigen diesen Weisen zuschreiben. Die religiöse Lebensweise beinhaltet auch das spezifisch religiöse Lebensgefühl: Wir sind nicht allein, wir sind von einer jenseitigen Welt umfangen.

Die drei grundlegenden Religionstypen

Die Zahl der verschiedenen Religionen soll sich auf 100.000 belaufen. Trotz der erstaunlich hohen Zahl lassen sich die verschiedenen religiösen Glaubensbekenntnisse in drei Typen einteilen:

1. Der Geisterglaube oder die animistisch-schamanistischen Religionen.
2. Der Vielgötterglaube oder die polytheistischen Religionen.
3. Der Eingottglaube oder die monotheistischen Religionen.

Die Übergänge zwischen diesen Grundtypen sind fließend.

Der Geisterglaube oder Animismus-Schamanismus

Der Animismus bzw. Schamanismus ist die älteste bekannte Religionsform. Das lateinische Wort *anima* bedeutet Seele. Seele ist hier im Sinne von Geist gemeint. Unsere Vorfahren glaubten, jedes Tier, jede Pflanze, jeder Stein, alles was existiert, sei von übernatürlichen Wesen, von Geistern, geschaffen worden oder sei selbst ein Geist.

Der Kern dieser Religion ist also der Glaube an eine Welt voll Geister. Sie lassen sich in zwei große Gruppen einteilen, in gute und böse, in solche, die dem Menschen nützen, und solche, die ihm schaden. In vielen animistisch-schamanistischen Systemen glaubt man auch, es gäbe eine Unterwelt, eine Oberwelt und eine Mittelwelt, also eine Hölle, einen Himmel und eine Erde. Die späteren Religionen haben folglich von den ältesten Religionen die Architektur des Universums übernommen.

Bei vielen Stämmen gab es Menschen, welche einen besonders häufigen Kontakt mit den Geistern herstellen konnten. Religionsforscher nennen sie unter anderem Medizinmänner, Zauberer oder Schamanen. Sie kann man als die ersten Priester bezeichnen, denn unter einem Priester wird ein Mittler zwischen den Menschen und den jenseitigen Wesen verstanden. Die ersten Priester, ich nenne sie der Einfachheit halber Schamanen, waren Menschen, die den Umgang mit Geistern beherrschten. Nur auf diese Fähigkeit kam es an. Deshalb musste und muss ein Schamane nicht, wie spätere Priester, moralisch einwandfrei leben.

Der Schamane war für das Diesseits und das Jenseits zuständig. So für Jagderfolg, körperliches und seelisches Heil, Tod und Jenseitsreise. Er wusste um die Vorkehrungen, die verhinderten, dass ein Verstorbener die Lebenden heimsucht. Der Schamane half ihm, den richtigen Aufenthaltsort im Jenseits zu finden. Viele Ethnien glaubten und glauben bis heute, dass ein Stamm ein ihm gehöriges Revier im Jenseits besitzt.

40 Prozent der Weltbevölkerung, also zirka 2,8 Milliarden Menschen, sollen noch heute den verschiedenen Geister-Religionen anhängen.

Der Vielgötterglaube oder Polytheismus

Das griechische *poly* in *Polytheismus* bedeutet *viel*. Im Wortteil *theismus* steckt das griechische *theos*, welches *Gott* bedeutet. Polytheismus meint den Glauben, dass es viele Götter gibt.

Spiegelten animistische Religionen die Hierarchien kleiner Gemeinschaften wider, so die polytheistischen die großer Gemeinschaften, die durch Viehzucht, Ackerbau und später Metallgewinnung möglich wurden. Polytheistische Religionen entwickelten sich deshalb wahrscheinlich vor ungefähr 12.000 Jahren, als die Menschen anfingen, Ackerbau und Viehzucht zu betreiben. Bis dahin lebte der Mensch in der Regel in kleinen Gruppen von einem Dutzend bis zu ungefähr 150 Personen. Je größer eine Gesellschaft wurde, desto mächtigere Geister entstanden, wohl entsprechend der Machtfülle der realen Herrscher. Die Geister verlagerten ihre Heimstatt im Laufe der Menschheitsentwicklung an immer fernere Orte, mutierten zu Göttern, welche vorzugsweise auf den Sternen residierten, wohingegen die Geister vorwiegend die Erde bevölkerten. Unter Göttern verstehen wir deshalb jenseitige Wesen mit einer größeren Machtfülle als die Geister. Mit der Etablierung von Sternengöttern dürfte wohl auch die Geburtsstunde der Astrologie geschlagen haben.

Dass der Götterglaube auf den Geisterglauben folgte, kann man gut an den Götterbildern der alten Ägypter ersehen. Ihre Götter sind oft halb Tier und halb Mensch. Die Geister wurden meist in Tiergestalt vorgestellt, die Götter meist in Menschengestalt. In späteren polytheistischen Religionen, so bei den Griechen und Römern, bleibt die Menschengestalt übrig, die tierische Herkunft ist aber bei vielen an ihren Insignien zu erkennen.

In den polytheistischen Gesellschaften entwickelte sich Religion zu einer organisierten und institutionalisierten Verwaltung des Jenseitsglaubens. Nun wurden regelmäßig von religiösen Profis, Neben- oder Vollerwerbspriestern, Rituale durchgeführt. Für manche Rituale wurden bestimmte Plätze, Kultplätze, aufgesucht. Als die Gemeinschaften wuchsen, errichtete man feste Altäre und Tempel. Die religiösen Vorstellungen wurden systematisiert und die religiöse Tätigkeit zu einem politischen Faktor. Die Religionsdienstleister, die Schamanen, Priester, Sänger, begannen in die Dienste der entstehenden Kriegerklasse zu treten.

Auch im Vielgötterglauben, im Polytheismus, haben die jenseitigen Wesen Macht über das Diesseits, und deshalb ist es das Wichtigste, sie auf seine Seite zu ziehen, sich Verbündete für den zweifachen Überlebenskampf zu suchen: für den Überlebenskampf im Diesseits und für den im Jenseits. Geschenke erhalten bekanntlich die Freundschaft, und deshalb wird im Polytheismus wie im Geisterglauben viel geschenkt, sprich den Göttern und Geistern geopfert.

Das Wissen um die richtige Art und Weise des Opferns, einschließlich der dabei auszuführenden Rituale, musste in Gesellschaften, welche glaubten, die Welt werde von undurchsichtigen Geistern und Göttern beherrscht, das kostbarste Wissen sein.

Deshalb wundert es nicht, dass die Priesterkaste in vielen Kulturen zur mächtigsten gesellschaftlichen Schicht aufstieg oder sich als der Kriegerschicht ebenbürtig etablieren konnte. Das alte Tibet war bis 1950 noch eine Gesellschaft, in der die Priesterkaste herrschte.

Polytheistisch waren die Religionen der Ägypter, Griechen, Germanen und Römer. Polytheistisch sind noch der Hinduismus (die Religion der Inder), der Schintoismus (die Religion der Japaner) und der Daoismus (die Religion vieler Chinesen). Auch der Mahayana-Buddhismus ist polytheistisch, obwohl viele glauben, der Buddhismus kenne keine Götter.

Der Eingottglaube oder Monotheismus

Mono kommt vom griechischen *monos* und bedeutet *einzeln, allein, einmalig.* Monotheismus meint den Glauben, es gäbe nur einen Gott.

Als „Erfinder" des Monotheismus gilt der ägyptische Pharao Echnaton (ungefähr 1350 v.u.Z.). Weitergetragen wurde der Ein-Gott-Glaube von den israelitischen Stämmen, die zur Zeit Echnatons in Ägypten lebten. Später wurde er durch das Christentum und den Islam (ab ungefähr 650 n.u.Z.) verbreitet. Der Glaube, es gebe nur einen Gott, entstand nicht zufällig in einem zentralistisch regierten Staat und setzte sich in einem wie dem Römischen Reich durch, dem die Zentralgewalt verloren zu gehen drohte. Ein Volk aus verschiedenen Stämmen entwickelt ein größeres Zusammengehörigkeitsgefühl und damit größere Stärke, wenn es durch einen gemeinsamen Glauben verbunden wird. Zwar bildete sich nicht in jedem zentralistisch regierten Staat der Monotheismus heraus, aber es entstanden in diesen Staaten vergleichbare Ideen und Konzepte, wie etwa die des Dao im alten China. In der Regel wurden in solchen Staaten ein oberster Gott oder ein Götterpaar inthronisiert und die übrigen Götter analog der Hierarchie des Staatsgebildes um sie gruppiert.

Auch der Monotheismus funktioniert im Prinzip wie der Schamanismus und der Polytheismus: Jenseitige Wesen, wie Engel und Heilige, kümmern sich um die Sorgen und Ängste der Menschen ebenso wie um ihren Lohn und ihre Bestrafung. Besonders schwerwiegende Vorkommnisse sind Chefsache, dieser nimmt sich der Allmächtige und Allwissende selbst an.

Ich bezeichne in diesem Buch die polytheistischen und monotheistischen Religionen auch als Großreligionen. Das ist im Sinne von Religionen mit vielen Mitgliedern, Massenreligionen, gemeint und nicht im Sinne von Hochreligionen, denn das wäre diskriminierend gegenüber den Geisterreligionen.

24

Man kann religiösen Glauben ganz einfach und doch ganz treffend definieren:

Religiöser Glaube ist der Glaube an Geister. Ein religiöser Mensch ist folglich ein Mensch, der an die Existenz von Geistern glaubt. Götter sind ja große Geister und Gott soll der größte Geist sein. Auch hinter „geistigen Kräften" verstecken sich letztlich Geister, nur klingt „geistige Kräfte" halt besser.

Welche Religion ist die wahre?

Da jeder Stamm seine eigenen Geister verehrte, musste beim Zusammenschluss mehrerer Stämme, bei der Bildung größerer Gesellschaften, das Problem auftauchen, welche Geister verehrt werden sollen. Höchstwahrscheinlich werden es die Geister der mächtigeren Stämme gewesen sein, die dann zu Göttern mutierten. Die biblische Geschichte vom Tanz um das Goldene Kalb ist ein Bericht über den Kampf verschiedener Stämme um die zu verehrenden Götter, der sicher auch ein Kampf um die Vormacht innerhalb des Stammesgebildes war.

In den größeren Gemeinschaften, wie in den Stadt- oder Beamtenstaaten im Zweistromland der Bronzezeit (3000-1000 v.u.Z.), entstanden neue Götter. Götter, welche die Bedürfnisse neu entstandener Schichten befriedigten. Bei den Sumerern, Babyloniern und Assyrern bildete sich unter anderen die wichtige Schicht der beamteten Schreiber heraus, die vor allem den Handel, zwecks Eintreibung von Steuern, protokollierten. In diesen Staaten tauchten nun Götter auf, welche die Kunst des Schreibens beherrschten, über Eigenschaften wie Weisheit und Friedfertigkeit verfügten, Schrifttafeln in den Händen hielten und den Menschen ihre Gebote und Wünsche mittels dieser Tafeln bekannt gaben. Der jüdische Gott Jahwe, der Moses die Gesetzestafeln gab, war nicht der erste Gott, der so seine Ansprüche schriftlich verkündete.

Je dichter die Erde besiedelt wurde, je enger die Völker aneinanderrückten und sich vermischten, desto häufiger stellte sich die Frage, welche von den vielen Göttern die richtigen waren, ob es eventuell nur einen gab, wie Juden, Christen und Moslems behaupteten, und was dieser Gott genau wollte.

●●● Fazit: Religionen sind Lebensweisen und Weltanschauungen, von denen die meisten folgende Überzeugungen beinhalten:

1. Es gibt von unserer Welt verschiedene jenseitige Welten, die von Wesen, die Macht über uns haben, bewohnt werden. Diese Wesen können uns schaden oder helfen. Traditionelle Bezeichnungen für sie lauten Dämonen, Geister, Heilige, Engel, Götter, Gott.

2. Die Existenz unserer Welt und vieler, vielleicht aller ihrer Phänomene, ist auf die jenseitigen Welten zurückzuführen   .

3. Wenn wir uns den Regeln entsprechend verhalten, welche die Wesen der jenseitigen Welten aufgestellt haben, dürfen wir hoffen, nach unserem irdischen Tod in einer jenseitigen Welt weiterzuleben. ●●●●●●●●●●●●●●

Die schlichte Frage lautet: Sind die genannten religiösen Glaubens- oder Überzeugungsinhalte wahr oder beruhen sie auf irgendeiner Art von Täuschung, Illusion, Selbstbetrug?

Was spricht für und was gegen die Religion?

1. Alle Völker hatten eine Religion

●●● Behauptung: Soweit wir wissen, waren alle bisherigen Völker religiös. Sie glaubten, dass es zwischen Himmel und Erde mehr gibt, als sich unsere Schulweisheit träumen lässt. Die alten Völker hatten sicher gute Gründe für ihren Glauben, wahrscheinlich verfügten sie über ein Wissen, das uns heutigen verbildeten rationalen Menschen nicht mehr zugänglich ist. Wahrscheinlich standen diese Menschen tatsächlich mit jenseitigen Wesen in Kontakt und wer weiß, ob das nicht auch heute noch bei archaisch lebenden Völkern der Fall ist.

Mit der Religion meisterten die Menschen über Jahrtausende die Probleme des alltäglichen Lebens und führten erfolgreich ihren Überlebenskampf. Aus all diesen Gründen wäre es sehr unwahrscheinlich, wenn die Religion nur ein Gespinst aus Fantasien, Täuschungen und Lügen wäre. ●●●●●●●●●●●●●●●●●●●●●●●●●●

Was religiöse Erklärungen sind und was sie für das alltägliche Leben bedeuten

Dass die Menschen die Welt religiös interpretierten, bedeutete konkret, dass ihr alltägliches Denken und Handeln von der Furcht vor und der Hoffnung auf Hilfe von Geistern bestimmt war. Geburt, Jagderfolg, Krankheit, Tod, bei jedem Ereignis waren Geister im Spiel, jedes war letztlich durch Geister verursacht.

Religiöse Erklärungen sind solche, die die Ereignisse in unserer Welt durch übernatürliche, jenseitige Kräfte oder Wesen verursacht sehen. Eine religiöse Erklärung benutzt auch, wer glaubt, dass ihm beim Bestehen einer Prüfung oder bei der Genesung von einer Krankheit ein Schutzengel geholfen hat oder dass es kein Zufall sein kann, wenn eine Minute, nachdem man an einen bestimmten Menschen gedacht hat, dieser anruft. Man will damit sagen, dass hier übernatürliche, paranormale Phänomene, wie etwa Telepathie, im Spiel waren. Paranormale Phänomene, auch PSI-Phänomene genannt, fallen unter religiöse Erklärungen, weil sie nicht mit den Naturgesetzen übereinstimmen, also mit übernatürlichen Kräften erklärt werden müssen. Das Telefonanrufphänomen erklären PSI-Gläubige mit Telepathie, der Gedankenübertragung. Ähnliche PSI-Phänomene sind die Telekinese, die Ortsveränderung eines Gegenstandes durch geistige Einwirkung, und die Teleportation, die Ortsveränderung eines Gegenstandes, ohne dass dieser einen Raum durchquert.

Warum die alten Völker religiös waren

Meine Antwort auf die Frage, warum die Menschen in archaischen Zeiten religiös waren, ist zuerst einmal einfach: Diese Menschen hatten gar keine andere Möglichkeit, als sich die Welt mit einer religiösen Deutung zu erklären. Sie mussten sich die Dinge und Geschehnisse der Welt durch Geisterhände verursacht, bewegt, beendet oder zerstört denken. Natürliche Erklärungsmöglichkeiten standen ihnen nur spärlich zur Verfügung, wissenschaftliche überhaupt nicht. Die Menschen mussten erst die Wissenschaft entwickeln, um die Welt wissenschaftlich erklären zu können. Wie schon der schottische Philosoph David Hume (1711-1776), sehe auch ich die Ursache für die Entstehung der Religion in der *Unwissenheit und Furcht* der frühen Menschen.

Die Gründe, welche zu den speziellen religiösen Erklärungen, den Geistererklärungen, führten, will ich später erläutern.

Natürliche und wissenschaftliche Erklärungen

Unter *natürlichen Erklärungen* verstehen wir solche, welche Dinge dieser Welt ohne Rückgriff auf eine jenseitige Welt und deren Kräfte zu erklären versuchen. Natürliche Erklärungen sollten mit den Naturgesetzen, den physikalischen, chemischen und biologischen Gesetzen, in Einklang stehen. Ein Ereignis ist genau dann ein Wunder, wenn es mit diesen Gesetzen nicht vereinbar ist. Einen Toten zum Leben zu erwecken ist ein Wunder, weil es eben nicht mit den Gesetzen der Physik, Chemie und Biologie vereinbar ist; ebenso die sogenannten PSI-Phänomene. Wenn PSI-Phänomene tatsächlich nachgewiesen und ohne Widerspruch zu den Naturgesetzen erklärt werden könnten, würde es sich nicht mehr um PSI-Phänomene handeln. Wir hätten dann nur unser Wissen über die Funktionsweise der Natur erweitert. Wenn PSI-Phänomene nachgewiesen werden könnten und immer noch im Widerspruch zu den Naturgesetzen stehen würden, wäre das ein starkes Indiz dafür, dass es eine jenseitige Sphäre gibt.

Es gibt selbstverständlich auch falsche natürliche Erklärungen. Wenn zum Beispiel ein Volk glauben würde, die Ursache von Donner und Blitz seien Lagerfeuer – sie erwärmen die Luft so stark, dass sie ein Gewitter verursachen –, dann wäre das eine natürliche, aber falsche Erklärung. Wäre es diesem Volk möglich, seine natürliche These zu überprüfen, würde es feststellen, dass sie falsch war und damit kein Wissen darstellte. Als Wissen gelten nur Überzeugungen, die von mehreren Menschen überprüft und bestätigt werden können.

Natürliche Erklärungen müssen also nicht immer *wissenschaftliche Erklärungen* sein, aber jede wissenschaftliche Erklärung ist auch eine natürliche. Dass Feuer Wasser erwärmt, ist eine natürliche Erklärung für das Phänomen warmes Wasser, aber es ist noch keine wissenschaftliche. Wissenschaftlich sind Erklärungen erst dann, wenn sie durch praktische Überprüfungen und theoretische Begründungen bestätigt wurden. Theoretische Begründung meint, es wurden Gesetze gefunden, welche ein Ereignis erklären, in unserem Beispiel Gesetze der Thermodynamik.

Wissenschaftliche Erklärungen müssen auch widerspruchsfrei sein. Am wichtigsten ist aber, dass sie überprüft werden können. Solange eine Behauptung, die beansprucht wissenschaftlich zu sein, nicht bewiesen werden kann, gilt sie als Hypothese. Manchmal sagt man statt Hypothese auch These oder Theorie, aber jedes Mal ist gemeint, diese Behauptungen haben noch nicht den Status, wissenschaftlich bewiesen zu sein.

Die drei grundlegenden Naturwissenschaften sind Physik, Chemie und Biologie. Die bekanntesten Geistes- oder Sozialwissenschaften sind Philosophie, Psychologie, Soziologie und Pädagogik. Jeder Bereich des Lebens, alles was es in dieser Welt gibt, kann Gegenstand von wissenschaftlichen Untersuchungen werden und ist es wahrscheinlich auch schon geworden.

Die Wissenschaft ist kein Überzeugungssystem neben anderen, denn sie ist überhaupt kein Überzeugungssystem, sondern vor allem „eine Sammlung von Methoden, um sich bei der Prüfung von Vermutungen nicht zu täuschen",[4] wie der Psychologe Christoph Bördlein erklärte. Wissenschaftliche Prüfungen sind einfach sehr sorgfältige Prüfungen, welche Fehler so gering wie möglich halten. Allerdings sind

Fehler menschlich und Wissenschaftler sind Menschen, deshalb können auch wissenschaftliche Behauptungen falsch sein. Dies zu erkennen und zu korrigieren zeichnet die Wissenschaft aus.

Wissenschaften arbeiten also nicht mit absoluten Gewissheiten, sondern mit Wahrscheinlichkeiten, mit Plausibilitäten. Auch eine Strömung der zeitgenössischen Theologie versucht auf diesem Wege die Existenz Gottes zu plausibilisieren.

Durch den ständigen Prozess der Ausscheidung falscher Erklärungen wächst das Wissen der Menschheit an. Dieser Prozess beschleunigte sich in den letzten zwei bis drei Jahrhunderten explosionsartig, in all den Jahrtausenden vorher, in denen die allermeisten der heute existierenden Religionen entstanden, kam er nur sehr langsam voran.

Hier ist nicht der Ort, um Argumente gegen die Wissenschaft zu diskutieren; wie etwa die erwähnte Meinung, dass die Wissenschaft ein Überzeugungssystem neben anderen sei, dass die Wissenschaft auch irrt, Wahrheit relativ ist und ähnliches.

Naturgesetze und Geistererklärungen

●●● Behauptung: Warum sollte es nicht mit den Naturgesetzen übereinstimmen, wenn der Jagderfolg der Hilfe eines Jagdgeistes zu verdanken ist, Regen dem Wohlwollen eines Regengottes, eine Krebsheilung den Gebeten an den wahren und einzigen Gott? Jenseitige Wesen können doch einfach diese Dinge im Sinne der Naturgesetze veranlasst haben. ●●●●●●●●●●●●●●●●●●●●●●●

Der Blitz mag eine Funkenentladung als Folge elektrostatischer Aufladung wolkenbildender Wassertröpfchen sein, die dabei von Donner begleitet wird; trotzdem können Blitz und Donner von Geistern oder Göttern veranlasst worden sein.

Eine natürliche Erklärung schließt eine übernatürliche Erklärung nicht aus.

Wahrscheinlich haben die frühen Menschen auch viele natürliche Erklärungen für das, was um sie geschah, gefunden. Die übernatürlichen Erklärungen waren allerdings zahlreicher, vor allem galten übernatürliche Ereignisse als Verursacher der natürlichen. Mag die Pflanze Sonne und Wasser für ihr Wachstum benötigen, letztlich war ein Geist für das Wachstum verantwortlich. Mag eine Pflanze eine bestimmte Krankheit heilen, letztlich heilte der gute Geist, indem er den bösen Geist, welcher die Krankheit verursachte hatte, vertrieb.

Wenn übernatürliche Wesen Herden lenken, es regnen lassen oder sogar Tote zum Leben erwecken, würde das bedeuten, dass sie mittels Gedankenkraft oder sonstiger Zauberei physikalische Gesetze außer Kraft setzen oder sie zumindest so beeinflussen können, wie es nach diesen Gesetzen nicht möglich ist. Deshalb stimmt eine übernatürliche Erklärung nicht mit den Naturgesetzen überein.

Nun könnte es trotzdem sein, dass wundersame Kräfte existieren, auch wenn Naturwissenschaftler behaupten, in solchen Fällen würde der Energieerhaltungssatz verletzt. Vielleicht müssen die Naturgesetze geändert oder ergänzt werden, entscheidend ist: Bis heute wurden solche Kräfte nicht nachgewiesen, auch keine Verletzung des Energieerhaltungssatzes. Wer behauptet, Blitz und Donner werden von einem zornigen Gott verursacht, muss irgendeinen plausiblen Grund dafür vorbringen. Das Gefühl oder der Wunsch, er möge die Ursache sein, oder die Unfähigkeit, Blitz und Donner anders zu erklären, sind keine plausiblen Gründe.

Wir können heute *prinzipiell* alle Phänomene dieser Welt auf natürliche Weise erklären. Das heißt nicht, dass wir alle erklärt haben und das wir jemals alle erklärt haben werden, dazu ist die Welt wahrscheinlich zu groß und zu komplex.

Aber wir brauchen keine übernatürlichen Erklärungen mehr, um Erklärungslücken zu füllen.

●●● **Fazit:** Es ist zweitrangig, ob Geistererklärungen mit naturwissenschaftlichen Erklärungen vereinbar sind. Die Phänomene dieser Welt können prinzipiell auch ohne übernatürliche Akteure erklärt werden. Solange nicht bewiesen wird, dass es solche gibt, ist es unsinnig, sie als Erklärungen heranzuziehen. Wissenschaftliche Erklärungen ergänzen nicht religiöse, wissenschaftliche Erklärungen machen solche überflüssig. ●●●●●●●●●

Glaube an das Jenseits und Erfahrungen des Jenseits

●●● **Behauptung:** Auch wenn der Glaube aus Unwissenheit und Furcht entstanden ist und auch wenn wir keine Geister brauchen, um unsere Welt zu erklären, beweist das nicht, dass es keine jenseitige Welt gibt und deren Bewohner unsere Welt nicht beeinflussen. ●●●●●●●●

Für eine jenseitige Welt spricht, dass fast alle bisherigen Menschen von ihrer Existenz überzeugt waren. Bei vielen Überzeugungen lassen wir das Mehrheitsvotum als Beweis für die Wahrheit einer Überzeugung gelten – und das zu Recht. Bei widersprechenden Zeugenaussagen vor Gericht wird ein Richter diejenigen als wahr betrachten, die übereinstimmen. Auch bei vielen anderen Behauptungen über Dinge, die wir nur vom Hörensagen kennen, glauben wir den Behauptungen, die von mehreren Menschen bestätigt werden. Die Erfahrung anderer Menschen ist unser wichtigstes Beurteilungskriterium für Behauptungen über die Wirklichkeit, ob es sich um alltägliche oder wissenschaftliche Behauptungen handelt.

Wenn wir das Beurteilungskriterium Mehrheitsvotum anwenden, müssen wir den Schluss ziehen, dass die Existenz einer jenseitigen Welt zwar nicht absolut bewiesen, aber doch höchstwahrscheinlich ist. Auch für wissenschaftlich abgesicherte Behauptungen gilt ja, dass sie nicht absolut bewiesen, sondern nur höchstwahrscheinlich sind.

Aber sehen wir genauer hin. Haben tatsächlich unzählige unserer Vorfahren jenseitige Wesen und Welten erfahren? Aus ethnologischen Berichten wissen wir, dass die große Mehrzahl der archaisch lebenden Menschen nicht behauptet, Geister zu sehen, sondern Ereignisse als Geister, oder von Geistern verursacht, *deutet*.

Die Menschen, welche „professionell" Geister wahrnehmen, Medien, versetzen sich meist mit verschiedenen Mitteln, häufig mit Drogen, in Trancezustände. Niemand außer ihnen nimmt in diesen Zuständen die Geister wahr.

Es entfällt damit das wichtigste Bestätigungskriterium für eine Behauptung, die sogenannte *intersubjektive Bestätigung*, was in diesem Zusammenhang nichts anderes meint, als dass etwas von mehreren Personen wahrgenommen wird.

Es könnte allerdings indirekte Bestätigungen für die Existenz einer jenseitigen Welt geben: Wesen jener Welt könnten den sogenannten Medien etwas mitteilen, was diese nicht wissen können, Dinge aus der Vergangenheit, Dinge, die in der Zukunft eintreffen werden, oder ein besonderes medizinisches oder technisches Wissen. Der Möglichkeiten sind unzählig viele. Aber noch nie wurde etwas mitgeteilt, was einer sorgfältigen Überprüfung standgehalten hätte. Das angebliche Wissen der Geister stellt sich entweder als falsch heraus oder es war so unbestimmt wie das des Orakels von Delphi, jeder konnte in seine Sprüche hineinlesen, was er für seine Zwecke benötigte.

Was könnte es bedeuten, dass es noch nie zweifelsfrei solche Formen der Bestätigungen von Jenseitigem gegeben hat? Seit über hundert Jahren versucht die parapsychologische Forschung einen Beweis für PSI-Phänomene zu erbringen, es ist ihr bis heute nicht gelungen. Dass sich bisher alle sogenannten Magier und Medien, die gründlicher untersucht wurden, als Scharlatane erwiesen haben, spricht nicht für die Existenz von Übernatürlichem. Nicht einmal die Ausschreibung von einer Million Dollar Belohnung für den Nachweis eines solchen Wissens versetzte bisher ein Medium in die Lage, einen Beweis für Übernatürliches oder Jenseitiges zu liefern. Auch die Suche nach dem wiedergeborenen Dalai Lama mittels eines Orakels stellt sich bei näherer Untersuchung als Betrug heraus.[5]

Weitere Indizien für die Nichtexistenz von Geistern:

Die Drohung mit der Macht böser Geister, mit Verhexen, wirkt nur bei den Menschen, die auch an Geister glauben. Ein aktuelles Beispiel zeigt aber auch die Grenzen der Macht der magischen Suggestion: Afrikanischen Prostituierten in Europa wird in Afrika eingeschärft, ihren Verdienst an ihre Zuhälter in Afrika zu schicken. Tun sie das nicht oder unterschlagen sie Geld, wird ein Geist sie und ihre Angehörigen mit einer furchtbaren Krankheit heimsuchen oder sogar töten. Frauen, die den Mut aufbringen, sich gegen diese Ausbeutung zu wehren, sind natürlich überrascht, dass nichts dergleichen geschieht.

Die Götter der Inkas und Azteken waren gegenüber den Eisenwaffen der Spanier machtlos. Den amerikanischen Indianern nützte die Anrufung ihrer Geister nichts im Kampf gegen die europäischen Eroberer, ebenso wenig den Tibetern die Anrufung ihrer Bodhisattvas gegen die chinesischen Invasoren.

●●● Fazit: Mindestens zwei Formen intersubjektiver Bestätigungen sind für die religiöse Überzeugungen möglich: Mehrere Menschen nehmen Übernatürliches, Jenseitiges gleichzeitig wahr und/oder Übernatürliches, Jenseitiges teilt etwas mit, was diese Menschen nicht wissen können, aber überprüfbar ist. ●●●●●●●●●●●●

Schamanische Medizin

●●●Behauptung: Beweisen nicht das medizinische Wissen und die Heilkünste der alten Völker die Existenz von Geistern, denn genau mit diesen arbeiten ihre Medizinfrauen und -männer? Werden nicht auch heute noch viele Krankheiten mit ihrem uralten Wissen geheilt? Bereichern sich nicht Pharmakonzerne an ihnen? ●●●●●

In der Medizin gibt es das Wort, wer heilt, hat recht. Aber dieses Wort ist nicht ganz richtig. Ein Heiler, ob Arzt, Naturmediziner oder Schamane, kann über die eigentliche Wirkursache seiner Medizin im Irrtum sein. Ein Schamane kann die heilende Wirkung den angerufenen Geistern zuschreiben, in Wirklichkeit beruht sie auf einem Bündel anderer Maßnahmen.

Drei Gründe für schamanische Heilungen seien genannt: 1. Schamanische Heilungen benötigen viel Zeit, der Patient erhält dadurch wesentlich mehr Aufmerksamkeit als in der modernen Medizin. 2. Schamanische Heilungen bestehen oft in unbewusster Hypnose. Rituale wirken wie Hypnoseeinleitungen, in der Anrufung der guten Geister vollzieht sich die hypnotische Suggestion. Wenn sie stark genug ist, vertreiben die Selbstheilungskräfte des Patienten die „bösen Geister", der berühmte Placeboeffekt. Und 3. ist nicht zuletzt die schamanische Medizin auch eine Kräutermedizin und die chemischen Inhaltsstoffe der Kräuter bewirken selbstverständlich oftmals auch Heilungen. (Um diese Kräuter geht es den Pharmakonzernen.)

Das medizinische Wissen und die Fertigkeiten der alten Heiler waren und sind allerdings sehr begrenzt. Das ist einer der Gründe für die kurze Lebenszeit der Mitglieder dieser Völker und den Erfolg von Missionierungen. Die Missionare „überzeugten" auch mit Medikamenten. Der Ethnologe Nigel Barley erforschte in den 1970er Jahren den Stamm der Dowayos in Westafrika. Der Stamm hatte schon mit der

Zivilisation Bekanntschaft geschlossen und lebte in relativ guten materiellen Verhältnissen. Aber wenn die Dowayos krank waren, bedauerte sie Barley „ernstlich", sie starben „unsinnigerweise einen qualvollen und schrecklichen Tod".[6] Um einen besseren Eindruck vom Weltbild animistischer Kulturen zu erhalten, sei kurz das medizinische Geister-Wissen der Dowayos skizziert:

Die Dowayos teilen die Krankheiten in vier Gruppen ein: in Krankheiten, die hervorgerufen werden durch Ansteckung, Kopfzauber, Einwirkung durch Ahnengeister oder durch Übertragung. Um eine Krankheit zu bestimmen, „werden verschiedene Formen der Wahrsagerei angewendet, so werden die Innereien eines Huhns ins Wasser geworfen oder Kranke durch Glaskugeln betrachtet. Am häufigsten werden die Scheiben der *zepto*-Pflanze zwischen den Fingern zerrieben und die Namen der Krankheiten aufgezählt, von denen der Betreffende möglicherweise befallen sein könnte. Wenn die Scheiben kaputtgehen, beweist dies, dass der richtige Name gefunden ist. Der Wahrsager wendet sich dann der Frage der Ursache zu – Zauberei, Ahnengeister usw. Als nächstes kommt das Heilmittel. Drei Wahrsagegänge reichen gewöhnlich, um alle erforderlichen Informationen zu beschaffen. Wenn der Kranke nicht persönlich zum Wahrsager kommen kann, schickt er ein bißchen Stroh vom Dach seines Kornspeichers, des privatesten und persönlichsten Bereichs in seinem Anwesen. Wenn ein bestimmter Ahnengeist schuld an der Krankheit ist, wird jemand zum Schädelhaus geschickt und muß dort Blut, Exkremente oder Bier über den Schädel des lästigen Sippengenossen schütten."[7] Übertragungskrankheiten müssen von Experten behandelt werden, wie dem Beschneider, Zauberer oder Regenhäuptling. Eine Verstauchung muss beispielsweise vom Regenhäuptling behandelt werden, weil sie als eine Übertragungskrankheit gilt. Sie wurde nämlich durch Würmer verursacht, welche in das betreffende Glied eindrangen und Würmer kommen vom Regen usw. usf.

Wir sollten uns darüber im Klaren sein, dass in fast allen Teilen der Welt bis vor einigen Jahrzehnten ähnliche Krankheitskonzepte in den Köpfen der Menschen herumspukten.

Zusammengefasst müssen wir sagen: Die medizinischen Fähigkeiten der alten Heiler waren sehr begrenzt und ihre Überzeugungen und Praktiken oft völlig abstrus, ihre bescheidenen Erfolge beweisen auf keinen Fall die Existenz von jenseitigen Wesen und Welten.

Gründe, die gegen den Geisterglauben sprechen

●●● Fazit: Was die Wahrscheinlichkeit der Existenz jenseitiger Wesen stark vermindert:

– dass alle Phänomene in der Natur, welche früher mit jenseitigen Wesen erklärt wurden, heute ohne diese erklärt werden können;

– dass sich jenseitige Wesen nur den Menschen „zeigen", die an ihre Existenz glauben;

– dass Verhexungen nur bei den Menschen wirken, welche an jenseitige Wesen glauben;

– dass mit der angeblichen Hilfe von jenseitigen Wesen kranken Menschen in den allermeisten Fällen viel schlechter geholfen werden kann als mit rein medizinischen Mitteln;

– dass Menschen behaupten, ein besonderes Wissen von jenseitigen Wesen empfangen zu haben, sich dieses aber immer als falsch erweist, wie die zahllosen Weltuntergangsvorhersagen;

– dass jenseitige Wesen die größten Verbrechen an „ihren" Völkern, bis hin zu deren Ausrottung, nicht verhinderten. ●●●●●●●●●●●●●●●●●●●●●●●●●

Beweispflicht für das Jenseitige

Dass die „Ungläubigen" sich bemühen, den Glauben an Geister als unbegründet aufzuzeigen, hat einen geschichtlichen Grund. Der Glaube an Geister ist einfach viel älter als der Glaube, dass solche nicht existieren.

Sachlich gesehen liegt die Beweispflicht für Geister, sonstige parapsychologische Phänomene und jenseitige Welten allerdings bei denen, welche die Existenz von solchen Dingen behaupten. Schlicht deswegen, weil man die Nichtexistenz von etwas außerhalb unserer uns zugänglichen raum-zeitlichen Welt prinzipiell nicht beweisen kann. Meine Behauptung, das Universum wird von unsichtbaren Schlümpfen regiert, ist nicht widerlegbar. Wir können immer nur Indizien für und gegen die Existenz von etwas sammeln, wir können nie absolut beweisen, dass es etwas nicht gibt. Deshalb muss man zeigen, dass es Indizien gibt, die für die Existenz von etwas, hier dem Übernatürlichen, sprechen. Vor allem aber muss die Existenz von Übernatürlichem von denjenigen bewiesen werden, die aus ihrer Überzeugung Forderungen ableiten, die auch für die „Ungläubigen" gelten sollen, wie es beispielsweise die Abtreibungs- oder Sterbehilfegegner tun, die sich auf ein göttliches Gebot berufen.

Wie ist die Geisterwahrnehmung zu erklären?

Der Geisterglaube wurde den Mitgliedern von Stammeskulturen mit der Muttermilch eingeflößt. Fast jedes Vorkommnis wurde mit Geistern erklärt, wodurch der Geisterglaube täglich bestärkt wurde. Es ist also kein Wunder, dass ein Mitglied einer solchen Kultur, wenn es durch Drogen oder andere Methoden Zugang zu den unbewussten Teilen seines Bewusstseins erhielt, dort Geister vorfand. Die Menschen nahmen wahr, was ihr Glaube, ihre Theorie, behauptete. Dieses Phänomen nennt man *theorieinduzierte Wahrnehmung*. Damit ist gemeint: Theorien, Überzeugungen, auch Wünsche und Ängste lassen uns Dinge erkennen, die sich bei näherem Hinsehen als nicht existent erweisen. Theorie-induzierte Wahrnehmungen kennt jeder, zum Beispiel, wenn er ein Seil für eine Schlange hält, ein Geschenk im ersten Augenblick als das lang Ersehnte betrachtet, eine Person, die er in einer Menschenmenge sucht, in anderen Personen sieht.

Geister, Götter oder Heilige werden als Halluzination wahrgenommen. Halluzinationen werden in vielen Kulturen mit Trancemethoden (Trommeln, Tanzen, Ritualen, Drogen) nachgeholfen. Manchmal erleben Menschen mit besonderen psychischen Veranlagungen, meist im Sinne von psychischen Erkrankungen, solche Halluzinationen urplötzlich. In beiden Fällen werden teils bewusste und teils ins Unbewusste abgesunkene Inhalte an die Oberfläche des Bewusstseins gespült.

Auch die sogenannten Nahtoderfahrungen sprechen dafür, dass die Inhalte „jenseitiger" Erfahrungen der jeweiligen Erziehung und Kultur entstammen, dass sie theorieinduziert sind. Menschen, die an der Grenze zum Tod jenseitigen Wesen begegnen, begegnen immer nur solchen ihres Glaubens: Animisten nehmen Geister wahr, Christen christliches Jenseitspersonals, Buddhisten buddhistisches, Hindus hinduistisches usw.

Die Entstehung religiöser Vorstellungen: Der grundlegende Mechanismus

Der grundlegende Mechanismus, welcher zu *religiösen Vorstellungen, Ideen, Glaubensinhalten* führte, ist die Projektion. Damit ist gemeint: Unsere Vorfahren übertrugen ihr psychisches Erleben, ihre Gefühle, Gedanken, Ängste, Wünsche und Hoffnungen und ihre sozialen Verhältnisse auf ihre Umwelt, auf sie umgebende tote und lebendige Objekte und auf jenseitig vorgestellte Welten.

Die Übertragung des eigenen psychischen Erlebens in Objekte ihrer Lebenswelt können wir gut an kleinen Kindern beobachten. Sie bezichtigen gerne Objekte, an denen sie sich gestoßen haben, zum Beispiel einen Tisch, böse zu sein. Jedes Objekt, das Schmerz bereitet, ist für sie ein *böses* Wesen, weil sie es sich nicht anders vorstellen können, dass alle Dinge, die sie umgeben, nicht so ähnlich fühlen und denken wie sie selbst. Da es ihnen mühelos gelingt, alle Objekte zu „beleben", zu psychisieren, können sie mit ihnen auch mühelos die Welt der Erwachsenen nachspielen.

Aber auch wir Erwachsene projizieren tüchtig unsere Gefühle und Gedanken in andere Menschen und Dinge. Besonders Tierfreunde unterstellen ihren Lieblingen die gleichen Gefühle und Gedanken, wie sie sie selbst haben. Erwachsene übertragen ihr inneres Erleben aber nicht nur auf ihre Mitmenschen und Tiere; auch Pflanzen und häufig sogar toten Objekten, bevorzugt Maschinen, werden seelische Aktivitäten unterstellt. Der Computer „rechnet, denkt nach, trickst uns aus, muss sich ausruhen und gibt seinen Geist auf".

Wenn wir solche Redeweisen in der Regel auch nur bildlich gebrauchen, zeigen sie doch, wie tief das animistische oder magische Denken in uns verankert ist. Die Projektion des eigenen Innenlebens in andere Objekte können wir als *die* magische Grundhandlung bezeichnen. Aus ihr ging die Bevölkerung der Welt mit guten und bösen Geistern hervor. Die Projektion hat sich auch in unserer Sprache niedergeschlagen, es fehlen uns die entsprechenden Verben, mit denen wir Vorkommnisse in bewusstlosen Objekten so ausdrücken können, dass keine psychischen Assoziationen mitschwingen, wie im Falle des Computers, den wir „nachdenken und rechnen" lassen, oder des Motors, der bei Startschwierigkeiten „bockt".

Mithilfe der Projektion erklärt sich am plausibelsten, warum sich die jenseitigen Welten und die Lebenswelten unserer Vorfahren so frappierend ähnelten. Unseren Vorfahren war es nicht möglich sich vorzustellen, dass andere Wesen anders fühlten und dachten als sie selbst. So wie die Menschen lebten, so mussten im Prinzip auch die jenseitigen Wesen leben. So wie die Umwelt unserer Vorfahren beschaffen war, so musste im Prinzip die jenseitige Welt beschaffen sein. Auf beiden Seiten galten die gleichen Werte, Regeln und Gesetze. Die jenseitigen Wesen teilten sogar die Vorliebe und Abneigung der Menschen für bestimmte Speisen und Getränke. Jägervölker glaubten, das Jenseits sei ein einziges riesiges Jagdrevier; Bauernvölker waren überzeugt, es sei ein fruchtbarer Garten. Die Unterschiede: Im Jenseits ist alles extremer, die Belohnungen wie die Strafen. So steht das Gute ohne Mühe und Plage zur Verfügung: Im Paradiesgarten fließt in den Bächen Milch und Honig und in den ewigen Jagdgründen lassen sich die Tiere ohne Anstrengung erlegen. Die Ahnen, Geister und Götter verhalten sich bei den Bestrafungen für Gebotsverletzungen genau wie die Menschen, nur dass die Strafen oft noch schrecklicher ausfallen. Dazu passt, dass die übernatürlichen Akteure kleiner Ethnien wenig strafen, die großer Ethnien viel.

Die christlichen Jenseitsvorstellungen spiegeln die Verhältnisse im römischen Kaiserreich wieder. Die Hierarchie und Organisation des christlichen Himmels entspricht der des Kaiserhofs, die nächsten Verwandten Gottes sitzen in der Nähe des Thrones und die Apostel fungieren als Minister. Der Aufbau der christlichen Engelshierarchie, im 4. Jahrhundert entworfen, entspricht dem Aufbau der römischen Staatsverwaltung und des Heeres.

Die Paradiesfantasie als Gegenwelt zu dieser Welt, genauer, als diese Welt minus alles Negative, wird auch in den moslemischen Jenseitsvorstellungen sichtbar. Nach dem Koran gibt es im Paradies „Bäche, Gärten, Flüsse, Quellen, Blumenbeete, jede Menge Früchte und wunderbare Getränke, großäugige Houris, allzeit jungfräulich, liebenswürdige junge Menschen, Betten im Überfluß, prächtige Kleider, wunderbare Stoffe, außergewöhnlichen Schmuck, Gold, Perlen, Parfums, kostbares Geschirr".[8] Im moslemischen Paradies sind alle Verbote und Gebote aufgehoben, keine Riten und keine Gebete sind mehr nötig, es darf Wein getrunken und Schweinefleisch gegessen werden.[9]

Alle diese menschlichen, allzu menschlichen Vorstellungen sprechen dafür, dass die Jenseitsbehauptungen nicht auf Jenseitsreisen, Visionen oder Offenbarungen jenseitiger Wesen beruhten, sondern Erzeugnisse der menschlichen Fantasie sind, die ganz und gar von irdischen Verhältnissen geleitet sind.

Warum der Mensch spirituell ist und was das für einen Nutzen hatte

●●●Behauptung: Wenn der Mensch seit Urzeiten ein religiöses Weltbild besaß, muss es sich im Überlebenskampf bewährt haben, muss es dazu beigetragen haben, dass sich der Mensch zum erfolgreichsten Tier entwickelte, zum Herren der Erde aufschwang. Das spricht stark dafür, dass an der Religion etwas Wahres sein muss, denn eine grundsätzlich falsche Weltinterpretation kann diesen Erfolg wohl kaum leisten. ●●●●●●●●●●●●●

Der Glaube an eine mit Geistern überfüllte Welt erhöhte tatsächlich die Überlebenschancen unserer Vorfahren, für bewusste Wesen, denen natürliche oder wissenschaftliche Welterklärungen nicht zur Verfügung standen.

Eine einfache Überlegung zeigt den Vorteil: Ein vorsichtiger, bewaffneter und sogar ängstlicher Mensch, der in jedem unbekannten Vorkommnis einen potentiellen Feind vermutet, läuft weniger Gefahr, Opfer eines tatsächlichen Feindes zu werden, als ein mutiger Held, der schutzlos und unbekümmert durch die Welt spaziert. War das Gebilde in der Ferne kein Steinhaufen, sondern eine Gruppe von Raubtieren, wurde der sorglose Held zu deren Opfer und zählt wahrscheinlich nicht zu unseren Vorfahren. Der Vorsichtige machte einen Bogen um ein solches Gebilde, lebte länger und gehört zu unseren Vorfahren.

Am vorsichtigsten waren diejenigen, die überall gefährliche Wesen am Werk sahen. Sie hatten die größten Überlebenschancen. Deshalb musste sich die Vorstellung einer vollständig lebendigen Welt aus potentiell gefährlichen Wesen gegenüber jeder schwächeren Gefahrenphilosophie durchsetzen.

Wer einmal nachts allein durch einen größeren Wald gegangen ist, weiß, warum sich unsere Vorfahren von gefährlichen Wesen umgeben sahen: Kaum ein Geräusch, kaum ein Licht ist genau identifizierbar, alle können eine Gefahr bedeuten, können von gefährlichen Wesen stammen.

Die Annahme, dass jedes Objekt lebt und möglicherweise lebensgefährlich ist, bedeutete zwar einen großen Überlebensvorteil, aber damit war die Welt noch keine Geisterwelt. Sehen wir weiter: Unsere Vorfahren lebten Jahrmillionen auf Bäumen, die sie vor allem zum Zweck der Nahrungssuche verließen. Vor zirka sechs Millionen Jahren begannen sie, den aufrechten Gang zu entwickeln und verlagerten ihre Wohnstatt allmählich auf die Erde.

Der Biologe Andreas Kilian beschreibt anschaulich, was geschehen konnte, wenn einer unserer Vorfahren zur Nahrungssuche „vom Baum auf die Erde herabkam. Dort hörte er irgendetwas und erschrak. Er wollte sofort flüchten. Was ist das Zeichen, welches auch bei kopfloser Panik den sichersten Weg auf den nächsten Baum angibt? Es ist das Licht! Licht bedeutet immer oben, Dunkelheit bedeutet unten. Auch wenn wir vor Panik nicht mehr nachdenken können, Licht gibt uns das Gefühl der Sicherheit, weil es uns den Weg weist. Dort oben auf den Ästen ist man vor Raubtieren sicher. Dort oben warten auch die Artgenossen. Und Artgenossen, die oben auf dem Baum sitzen, erkennt man daran, dass sie eine Aura um den Kopf tragen. Zumindest, wenn man gegen das Licht schaut. Strahlenkränze um die Köpfe der Gruppenmitglieder zeigten schon den Affen einst den Weg, die Erlösung vom Übel."

Der gefährlichste Feind in dem Jahrmillionen währenden Überlebenskampf unserer Vorfahren war, neben seinem Artgenossen, das Raubtier. Groß, muskulös, fauchend, tauchte es aus dem Dunkel auf, meist überraschend und deshalb für den Menschen aus der Erde, der Hölle. Dass wir Licht und Himmel mit Erlösung assoziieren und die Hölle tief in der Erde verorten und mit Grausamkeit und Verdammnis verbinden, hat seinen Ursprung wohl in diesen Gefahrensituationen.

Selbst die Vorstellung von schwebenden Geistern, wie den Engeln und anderen Lichtwesen, können für Kilian auf archaische Erfahrungen zurückgehen: auf die Artgenossen, die sich von Ast zu Ast schwangen, damit vor Feinden sicherer waren, anderen Artgenossen einen sicheren Zufluchtsort zeigten oder ihnen halfen, indem sie sie auf den rettenden Baum zogen. „Aufgrund dieser prähistorischen Baumvergangenheit strecken wir die Arme in den Himmel, um zu beten (den rettenden Ast zu erreichen)."[10]

Nicht zufällig werden also die Mehrzahl der Geister in Tiergestalt vor- und dargestellt. „Selbst Gottes Sohn Jesus, der heilige Geist und die Evangelisten sind oft durch Tiere dargestellt", wie Andreas Kilian feststellt.[11] Wir finden Geistermasken in Tiergestalt in allen „primitiven" Religionen und auf allen Erdteilen.

Spiritualität können wir als das Empfinden verstehen, dass alles, was existiert, lebt und Bewusstsein hat, vergeistigt ist. Spiritualität ist so gesehen eine verfeinerte Form der animistischen Grundvorstellung, dass die ganze Welt mit Geistern bevölkert ist.

Hierher gehört auch das Gefühl, dass wir immer beobachtet werden. Tatsächlich wurden die meisten Menschen in ihrer Kindheit ständig beobachtet: von ihren Eltern, Verwandten und von anderen Stammesangehörigen. Sie wurden zu ihrem Schutz und zur Erlernung der Stammesregeln kontrolliert. Wenn die Kinder etwas taten, was die Regeln verletzte, wurden sie bestraft. Zu beschützen und zu bestrafen sind die zwei wichtigsten Aufgaben der Jenseitswesen – bis heute. Wir verfügen also wahrscheinlich über eine genetische Disposition zu dem Gefühl, von „höheren" Wesen beobachtet und kontrolliert zu werden. Um dieses Gefühl zu aktivieren, braucht es nur eine dementsprechende Erziehung.

All das bedeutet für die Entstehungsgeschichte der Religion: Als der Mensch durch die Entwicklung der Sprache sich seiner selbst und seiner Welt bewusst wurde, fand er schon religiöse Vorstellungen in seinem Bewusstsein vor: eine Welt voller gefährlicher Wesen, die aus einer anderen Welt auftauchten und in sie verschwanden; Bilder schrecklicher Höllengefahren und Bilder der Errettung. Und der nun bewusste, sprechende und denkende Mensch schrieb seinen tierischen Feinden und allen potentiell gefährlichen Objekten natürlich die gleichen Gedanken und gleichen Überlegungen zu, die er selbst anstellte. Der Mensch wusste nicht, dass für solche Gedanken eine Wortsprache nötig war, die nur er selbst besaß.

Mit der Projektion der eigenen Absichten, Wünsche und Ängste in die Köpfe von Tieren und in andere Objekte begannen diese für den Menschen Geister zu werden. Dieser Prozess war abgeschlossen und damit eine religiöse Weltsicht fundiert, als die Vorstellungen dazu kamen, dass alle Wesen, einschließlich des Menschen selbst, über etwas verfügen, was den Tod ihres Körpers überlebt.

Geisterglaube, Tod und Ahnenkult

Der Mensch zahlte einen hohen Preis für das volle Bewusstsein seiner eigenen Existenz und das der Welt: permanente Angst vor einer Welt, welche von lebensgefährlichen selbstbewussten Wesen bevölkert war, und der vielleicht noch schmerzhaftere Preis: das Wissen um die eigene Sterblichkeit. Diese Nachteile wurden aber durch die höheren Überlebenschancen wettgemacht, obwohl diese auf der falschen Annahme beruhten, die Welt würde von Geistern beherrscht.

Geister sind also ursprünglich vor allem Tiere, in die menschliche Gedanken, Gefühle und Absichten hineinprojiziert wurden. Eine weitere Art von Geistern bildeten die verstorbenen Stammesmitglieder. Sie schienen in die gleichen Regionen wie die Tiere hinübergegangen zu sein. Im Traum und in Trancezuständen gelangte auch der Mensch in diese Regionen und begegnete dort den verstorbenen Stammesmitgliedern, Tieren, Mischungen aus verschiedenen Tieren und Mischungen aus Tieren und Menschen.

Die Trance ist ein verengter Bewusstseinszustand, in welchem der Mensch, wenn die Trance tief genug ist, Zugang zu im Bewusstsein gespeicherten Erfahrungen findet, die, wie im Traum, mehr oder minder fantastisch kombiniert werden können. Trancezustände wurden sicher zufällig entdeckt, so durch die unbeabsichtigte Einnahme von Drogen und durch ausdauerndes Tanzen und Trommeln. Auch Panikattacken, die durch plötzliche lebensgefährliche Situationen ausgelöst wurden, können unsere Vorfahren in „andere Welten" katapultiert haben. Die Traum- und Trancereiche wurden nicht als Bewusstseinsphänomene verstanden, sondern als wirklich existierende, wenn auch ziemlich undurchsichtige Welten, in der die Ahnen und Geister hausten.

Neben der Erhöhung der diesseitigen Überlebenschancen war also ein weiterer Vorteil des Geisterglaubens, den Tod als einen Übergang zu einer anderen Welt zu verstehen, in der die Ahnen schon auf einen warteten. Was aber überlebte den Tod des Körpers? Alle Wesen besitzen zwei nicht fassbare Dinge, den Atem und den Schatten. In allen animistischen Kulturen finden sich Atem- und Schattenseelen. Die Atemseele verflüchtigte sich zwar nach dem Tod, aber die Schattenseele lebte weiter und sie traf man, wenn man im Traum, und später in einem eigenen „Schattenreich", Verstorbenen begegnete.

Die Verstorbenen lebten für unsere Vorfahren offensichtlich in der Traum- und Trancewirklichkeit weiter, sie sprachen mit ihnen, hielten Kontakt mit den Lebenden. Das dürfte ein Grund für die Ahnenkulte gewesen sein. Ein weiterer war der Eindruck, den Erwachsene (die zukünftig Verstorbenen) auf kleine Kinder machen: sie erscheinen ihnen wissend, mächtig, schützend und strafend. Warum sollten sie nach ihrem Tod diese Fähigkeiten und dieses Verhalten nicht mehr haben und zeigen? Im Gegenteil, im Geisterreich werden sich diese Fähigkeiten und Verhaltensweisen eher noch verstärken. Deshalb, so Andreas Kilian, halten wir „Zwiegespräche mit Verstorbenen und reden heute noch am Grab mit ihnen, um Meinungen und Ratschläge zu 'erfragen', als seien sie anwesende Vertrauenspersonen",[12] und deshalb haben wir ein schlechtes Gewissen, entschuldigen uns bei ihnen, wenn wir ihren Vorschriften zuwider gehandelt haben.

Der Glaube, dass der Tod nicht das letzte Wort ist, war für ein Wesen, welches als einziges um seine Sterblichkeit wusste, natürlich besonders wichtig. Der Glaube an ein Leben nach dem Tod ließ, so der Evolutionsbiologe Uwe Saint-Mont, die „bitterste aller Früchte, die die Selbsterkenntnis zu bieten hat"[13], eben die der Sterblichkeit, erträglicher schmecken.

Die Entstehung der Religion in drei Schritten zusammengefasst

1. Furcht und Vorsicht lässt nur die Vorfahren überleben, welche überall in ihrer Umwelt gefährliche lebendige Objekte vermuten. Vor allem Tiere werden als gefährliche Objekte erfahren, aber auch scheinbar unbelebte, wie giftige Pflanzen. Mit dieser Verlebendigung der Umwelt wird der Grundstein zur Spiritualität, der Vergeistigung der Umwelt, gelegt. Religiöse Vorstellungen, wie Himmel ist Erlösung, Erdinneres ist Hölle und Qual, werden vorgeprägt durch Gefahrensituationen und deren Bewältigung.

2. Der durch die Entwicklung der Wortsprache zu vollem Bewusstsein, zu Selbst- und Umwelterkenntnis gelangte Mensch projiziert sein Innenleben in die Außenwelt. Er projiziert sein eigenes Fühlen, sein Denken, seine Wünsche und Ängste in die Objekte seiner Umwelt. Sie

werden damit als selbstbewusste erkennende Wesen an gesehen, mit ähnlichen Eigenschaften wie die Menschen. Der Preis des vollen Bewusstseins: Die Welt ist ein mit gefährlichen Wesen bevölkerter Ort und in der Zukunft wartet auf jeden Menschen der Tod.

3. Der Traum wird als eine reale Wirklichkeit verstanden. Im Traum erlebt der Mensch verstorbene Angehörige und Tiere. Er interpretiert diese Erfahrung als ein Weiterleben nach dem Tod. Das mildert seine Lebens- und Todesangst. Erklärungen für das Vermögen, nach dem Tod weiterzuleben, bieten die unkörperlichen Phänomene Atem und Schatten. Das Seelenkonzept entsteht. Seelen sind Dinge, welche den Tod überleben und in einem Jenseitsreich leben. Das Jenseitsreich wird, mit Rückgriff auf die Himmel- und Höllenerfahrungen, in ein schönes und ein schreckliches geteilt und angelehnt an das Diesseits vorgestellt. Die Traumsphäre wird als Parallelwirklichkeit und Vorhof der Jenseitsreiche verstanden.

Die Ereignisse im zweiten und dritten Schritt sind eng miteinander verflochten, die meisten vollzogen sich wahrscheinlich zeitgleich. Aber nicht alle Schritte müssen bei allen Ethnien stattgefunden haben, so kann es vorgekommen sein, dass der dritte Schritt, der Glaube an ein nachtodliches Leben, nicht getan wurde.

Auch wenn vieles von dem, was ich schilderte, notgedrungen spekulativ sein muss (ich konnte ja nicht dabei sein) und sicher viele Faktoren, die zur Entstehung der Religion beitrugen, unberücksichtigt blieben, ergibt sich doch eine plausible Entstehungsgeschichte des Phänomens Religion. Wichtig ist auch: Diese Entstehungsgeschichte, diese Genesis, hat keine Erklärungslücken, welche mit übernatürlichen Vorkommnissen gefüllt werden müssen. Wie wir keine zornigen Götter mehr brauchen, um Blitz und Donner zu erklären, so brauchen wir keine Geister oder Götter, um den Glauben an Geister oder Götter zu erklären.

Der Aberglaube

Die Unterscheidung zwischen Aberglauben und Religion schuf das Christentum. Schon der „Kirchenvater" Augustinus (354-430) gebrauchte sie, um nichtchristliche Religionen abzuwerten. Im Zeitalter der europäischen Aufklärung, im 17. und 18. Jahrhundert, wurde dieser Begriff gegen das Christentum verwendet. Aber auch jede andere Religion galt für die religionskritischen Aufklärer als vernunftwidrig, was für sie dasselbe wie abergläubisch bedeutete.

Unter Aberglauben verstehen wir Überzeugungen und Praktiken, die offensichtlich natürlichen und wissenschaftlichen Erklärungsmöglichkeiten widersprechen. Noch heute populäre abergläubische Überzeugungen sind die Astrologie, das Kartenlegen und der Glaube, dass schwarzen Katzen, Raben und Freitag, der 13., Unglück bringen. Die meisten religiösen Überzeugungen fallen nach dieser Definition unter den Aberglauben, so der Glaube, durch magische Handlungen heilen oder verhexen zu können. Es ist eine Frage der Definition, ob man gebildete Menschen des 20. Jahrhunderts, die an Geister glauben, obwohl es keine ernsthaften Belege für ihre Existenz gibt, als abergläubisch bezeichnet. Die Übergänge zwischen abergläubischen religiösen und nichtabergläubischen religiösen Überzeugungen sind auf jeden Fall fließend.

Hier interessiert uns, wie es zu den genannten und ähnlichen abergläubischen Überzeugungen gekommen ist. Paradoxerweise liegt eine Wurzel des Aberglaubens in dem Bemühen des Menschen, die Funktionsweise der Welt zu verstehen. Wer weiß, wann und warum etwas geschieht, kann Ereignisse in seinem Sinn beeinflussen oder verhindern. Wer weiß, wann, wo und warum es etwas zu futtern gibt, kann sich dementsprechend verhalten. Das nennt man in Ursache-Wirkungs-Zusammenhängen zu denken und zu handeln. In nichts anderem besteht auch wissenschaftliches Denken. Was aber hat der Glaube, dass eine schwarze Katze Unglück bringt, mit wissenschaftlichem Denken zu tun? In der Vermutung eines ursächlichen Zusammenhangs zwischen Katze und Unglücksgeschehen. Und solche Zusammenhänge stellt der Mensch her, wann und wo es ihm nur möglich ist, denn auch dieses Denken birgt Überlebensvorteile. Wenn jemandem zweimal, nachdem er einen schwarzen Kater oder einen Raben gesehen hat, ein Unglück geschehen ist, dann glaubt er, dass zwischen diesen zwei Ereignissen ein Zusammenhang besteht. Wenn es einem Menschen zweimal gelungen ist, aus Hühnerknochen, Eingeweiden oder einem Kaffeesatz etwas vorherzusagen, dann glaubt er (und seine Mitmenschen), dass man mit diesen Dingen wahrsagen kann. Die Fußballweltmeisterschaft 2010 lieferte beeindruckende Beispiele für die Verankerung dieses Mechanismus in unseren Köpfen. Der Trainer der deutschen Mannschaft trug bei einigen Siegen seiner Mannschaft einen blauen Pullover und tatsächlich entstand der Glaube, es gäbe einen Zusammenhang zwischen diesen Siegen und der Farbe des Pullovers. Genauso grotesk: der Glaube, ein Tintenfisch hätte die jeweils siegreiche Mannschaft vorhergesagt. Der Überlebensvorteil dieses Glaubens liegt aber auf der Hand: Unter den vielen falschen Zusammenhängen, die vermutet werden, können auch ein paar richtige sein, wie im Falle der Heilkräuter. Verhaltenspsychologen sehen in falsch gedeuteten Ursache-Wirkungs-Zusammenhängen den Ursprung vieler Rituale. Es genügt bei Tieren, ihnen regelmäßig kurz hintereinander Futter zu geben, um ihr vorheriges zufälliges Verhalten so zu verstärken, dass sie es wiederholen und schließlich wie ein Ritual ausführen. Sie haben ja die Erfahrung gemacht, diese Verhaltenssequenz wird mit Futter belohnt. Die große Mehrzahl abergläubischer Glaubenssätze und Praktiken besteht in Verboten, wie zum Beispiel durch eine angelehnte Leiter zu gehen oder einem Freund kein Messer zu schenken (weil es die Freundschaft „zerschneidet"). Damit mahnen diese abergläubischen Sätze, wie der Geisterglaube, zur Vorsicht.

Aberglaube und Fortschritt

Ein abergläubisches Weltbild setzt sich aus vielen falschen Ursache-Wirkungs-Deutungen zusammen. Abergläubische Überzeugungssysteme werden heute beschönigend als Esoterik bezeichnet, als „Geheimwissenschaft". Sie hat mit Wissenschaft aber nicht das Geringste zu tun, denn keine ihrer Aussagen kann mit wiederholbaren Experimenten überprüft oder mit gleichwertigen Tatsachen belegt werden.

Auch heute noch lebt die große Mehrzahl der Menschen mit einem abergläubischen Bewusstsein. Abergläubische Menschen, Menschen, die an Magie glauben, können es zu höchsten akademischen Ehren bringen. Ein Doktor in Chemie schützt nicht davor, Anhänger einer Voodoo-Religion zu werden. Der Aberglaube trägt zur Verzögerung bis Verhinderung sozialer und politischer Entwicklungen bei. So sind in Indien und China Mädchen unter anderem deswegen unerwünscht, weil nur männliche Nachkommen die Riten für die verstorbenen Familienmitglieder ausführen, das heißt, für das Jenseitsheil der Eltern sorgen können.

Abergläubische Überzeugungen sind und waren nicht immer so harmlos wie die vom schwarzen Kater oder von Freitag, dem 13. Zum Leben unserer Vorfahren und dem der meisten der sogenannten Naturvölker gehörten nicht nur die ständige Angst vor der Geisterwelt, sondern auch aberwitzige Grausamkeiten, welche auf Aberglauben beruhten.

Wir finden Kannibalismus, Kopfjagd, Folter und Menschenopfer bei Naturvölkern wie auch bei allen sogenannten Kulturvölkern, von denen wir Zeugnisse haben. So bei den Kanaanitern, Israeliten, Karthagern, Indern, Chinesen, Griechen, Germanen und Römern. Die Motive für diese Praktiken waren ganz und gar menschliche: Man erhoffte sich Glück im Krieg, Glück beim anderen Geschlecht, eine gute Ernte, Gesundheit für sich und seine Verwandten, den Tod von Gegnern und ähnliche edle Dinge. Bei den Galliern brachten, laut Cäsar, „Leute, die von schwerer Krankheit befallen waren oder sich im Krieg oder Gefahr befanden, entweder Menschen als Opfer dar, oder gelobten es und ließen Druiden diese Opfer vollziehen. Nur so, wenn man für das Leben eines Menschen wiederum ein Menschenleben darbringe – meinte man – könnten die Götter besänftigt werden. … Andere Götter hatten Standbilder von ungeheurer Größe, deren aus Ruten geflochtene Glieder sie mit lebenden Menschen anfüllen; dann zündet man unten an, die Menschen werden von der Flamme eingeschlossen und kommen darin um. Sie glauben, die Opferung ertappter Diebe, Räuber oder sonstiger Verbrecher sei den unsterblichen Göttern willkommener. Fehlt es jedoch an solchen Menschen, schreitet man auch zur Opferung Unschuldiger."[14]

Die *Angami, Sema* und *Lhota,* Stämme in Assam und Birma, glaubten, „dass es kein besseres Mittel gebe, eine gute Reisernte zu erzielen, als einen Menschen zu töten und Stücke von seinem Fleisch auf den Feldern zu vergraben oder aufzuhängen oder auch in die Getreidevorratskörbe zu legen. Besonders Kopf, Hände und Füße wurden gern auf den Feldern aufgepflanzt."[15] In der *Frankfurter Rundschau* vom 3.1.2012 lesen wir:„ Als Opfergabe für eine bessere Ernte ist ein Mädchen im Zentralindien (Bundesstaat Chhattisgarh) getötet worden. Zwei festgenommene Verdächtige gaben nach Angaben der Polizei vom Montag zu, der Siebenjährigen die Leber herausgeschnitten zu haben. Als Motiv hätten die Bauern angegeben, damit die Götter besänftigen und ihre Erträge steigern zu wollen."

Hinter Kannibalismus, Kopfjagd und Menschenopfer stand der Geisterglaube. Grund dieser grausamen und unsinnigen Praktiken war das Fehlen wissenschaftlicher Erklärungen für Krankheiten, die Fruchtbarkeit von Menschen, dem Wachstum von Pflanzen und so weiter. Die religiösen Praktiken und Erklärungen verhinderten zudem die Suche nach wissenschaftlichen Erklärungen. Die antiwissenschaftliche Einstellung teilen auch heute noch religiöse Sekten, welche

Medikamente ablehnen und von ihren Mitgliedern verlangen, sie sollen auf die Kraft des Gebets vertrauen.

Ein Beispiel für das Versagen der Naturmedizin und der mit ihr verbundenen religiösen Welterklärung ist die Bekämpfung des Kindbettfiebers. Über Jahrtausende wurde mit verschiedensten magischen Mitteln versucht, den häufigen Tod von Frauen zu verhindern, die kurze Zeit nach der Geburt eines Kindes starben. Fieber und Tod galten selbstverständlich von Geistern bewirkt. Sie sollten mit Amuletten, dem Abschneiden einer Haarsträhne, mit der Vorhaltung von Zwiebeln oder Pech-Geruch auf Distanz gehalten werden. „Ignaz Philipp Semmelweis (1818-1865) glaubte nicht, dass der Tod der Wöchnerinnen (am Kindbettfieber) durch ein Gespenst oder einen Geist verursacht werde, sondern vermutete als Ursache einen Stoff, den die Ärzte nach der Sektion von Leichen bei der Behandlung der Gebärenden noch an den Händen hatten und der durch einfache Handwaschungen mit Wasser und Seife nicht völlig entfernt worden war." So der Autor Hermann Schüling. Nachdem die Ärzte, „bevor sie geburtshilflich tätig wurden, die Hände mit Chlorwaschungen reinigten", ging die Zahl der Todesfälle stark zurück.

Falsche Praxis, wie Zwiebelgeruch, und falsche Theorie, die Geisterannahme, „waren eine untrennbare logische Einheit. Darum kann der Geisterglaube, welcher die Prämisse von absurden, nicht selten tödlichen Aktionen war (Menschenopfer, Tieropfer), nicht als 'sinnvolle Aussage' gelten",[16] resümiert Schüling.

Die verschiedenen Wissenschaften haben wesentlich mehr Phänomene der Welt erklärt als die Religion, sie haben sie plausibler und für die Menschen nützlicher erklärt. Die wirklich großen Fortschritte in den Wissenschaften geschahen erst im 19. und 20. Jahrhundert, bis dahin wurde der Mensch vor allem durch den Aberglauben beherrscht. Deshalb meinte der Philosoph Friedrich Nietzsche (1844-1900) zu Recht, dass die bisherige Geschichte der Menschheit vor allem eine Geschichte der Irrtümer war.

Der wichtigste Wissensfortschritt hat sicher auf dem Gebiet der Medizin und Hygiene stattgefunden. Noch vor 100 Jahren sind die Menschen an vielen Krankheiten gestorben, die heute problemlos geheilt werden können. Die hohe Sterblichkeitsrate war der Hauptgrund, warum in der Vergangenheit Tod und Vergänglichkeit zentrale Themen des Weltbildes und damit der Religion bildeten. Die Wahrscheinlichkeit, früh zu sterben, war allein schon wegen der gesundheitlichen Gefahren wesentlich größer als heute.

Warum haben also Menschen über Jahrtausende an Geister geglaubt? Weil erst in den letzten Jahrhunderten plausible alternative Erklärungen entstanden.

Unsere einfache Antwort auf die Frage, warum alle bisherigen Völker religiös waren, lautet vollständig:

●●● Fazit: Dass alle bekannten Völker religiös waren, hat seinen Grund im Fehlen natürlicher und wissenschaftlicher Erklärungen für die Phänomene dieser Welt. Der frühe Mensch stellte sich, aus Angst und Unwissenheit, die Welt vollständig belebt vor und übertrug sein inneres Erleben in die Lebewesen seiner Umwelt. Das musste notwendigerweise zu dem Glauben an eine Welt aus Geistern führen und damit zu dem, was wir Religion nennen. ●●●●●●●●●●●●●●●●●●●●●●●●●●●●●

2. Vielen Menschen hat sich Gott offenbart

●●● Behauptung: Bis zu der Zeit, als sich der wahre und einzige Gott offenbarte, mussten die Menschen falschen Göttern und Götzen anhängen, mussten sie abergläubische Erklärungen und Praktiken über die Welt ersinnen. Seit sie aber von dem einen und einzigen Gott wissen, hat jeder die Möglichkeit und die Pflicht, Bekanntschaft mit ihm zu schließen und entsprechend seinen Geboten zu leben. Einigen Menschen hat sich dieser Gott offenbart, viele sind ihm in ihrem Innersten begegnet. Menschen, deren Leben ganz aus der Verbindung mit Gott gespeist war, verehrt man als Heilige. ●●●●●●●●●●●●●●●

Wir sprechen hier also von dem Gott der drei monotheistischen Religionen, der verschiedenen jüdischen, christlichen und islamischen „Bekenntnisse".

Geister- und Vielgötterglaube als Abfall vom wahren Gott

Man könnte die Geschichte der Religionen so verstehen, dass die Menschen Geistern und falschen Göttern anhingen, bis sich ihnen der wahre Gott offenbarte: Jahwe, der Gott der Israeliten, den später die Moslems Allah nannten. Die meisten Anhänger des Ein-Gott-Glaubens würden das aber nicht so sehen. Für sie hatte sich Gott schon den „ersten Menschen", Adam und Eva, offenbart, wie es in der Bibel behauptet wird. Für die buchstabengläubigen Anhänger der monotheistischen Religionen entstand der Geister- und Aberglaube, die Verehrung falscher Götter, erst nach der Vertreibung von Adam und Eva aus dem Paradies. Die Nachkommen von Adam und Eva fielen von dem Glauben an den einzigen Gott ab und müssen, nach dieser Logik, Götter erfunden haben. Götter zu erfinden scheint ein Bedürfnis des Menschen zu sein.

Mystik und Gotteserfahrungen

Am Montag, den 23. November 1654 erlebte der französische Mathematiker und Philosoph Blaise Pascal (1623-1662) eine ekstatische Gotteserfahrung. Nach seinem Tod entdeckte sein Diener einen Bericht über diese Erfahrung, dass sogenannte Memorial, eingenäht in Pascals Mantel. In diesem Bericht finden sich die berühmt gewordenen Worte, es ist der „Gott Abrahams, Gott Isaaks, Gott Jakobs, nicht der Philosophen und Gelehrten".

Mystiker, die es in allen sogenannten Hochreligionen gibt, gelten als Menschen, welche durch ein besonders intensives spirituelles Leben, meist auch ein besonders asketisches, heilige Wesen oder Gott selbst erfahren haben. Die Mystiker glauben also, Gott (oder Götter) nicht nur vom Hörensagen oder aus einem Buch zu kennen, nicht nur in Form eines starken spirituellen Gefühls, etwa dem, die Welt sei vom göttlichen Geist durchpulst, sondern aus direkter oder indirekter persönlicher Begegnung. Mystische Erfahrungen werden von vielen religiösen Menschen als Gottesbeweise verstanden.

Christliche Mystiker „treffen" sich gerne mit der sogenannten Heiligen Familie, der Mutter Maria, dem „Vater" Joseph, dem „Sohn" Jesus und Gott selbst. Hinduistische Mystiker begegnen indischen Göttinnen und Göttern, wie Shiva, Krishna und Brahman. Buddhistische Mystiker erfahren die Leere, für sie die wahre Natur des Seins. Islamische Mystiker erfahren die ganze Welt als Allah.

Im Gegensatz zu den Schamanen oder animistischen Medien suchen die Mystiker im Jenseits in der Regel keine Verbündeten, die ihnen bei konkreten Diesseitsaufgaben helfen. Mystiker suchen Bestätigung ihres Glaubens, das heißt die Versicherung, dass sie gerettet sind oder werden, vor allem suchen sie aber Geborgenheit und Anerkennung von ganz oben.

Für die christlichen mittelalterlichen Mystiker liegt eine Untersuchung vor, welche Licht in das romantische Dunkel mystischer Welten wirft.

Mystiker waren demnach Menschen, die in ihrer Kindheit schwere seelische und körperliche Misshandlungen erlitten und in einer Umgebung aufwuchsen, welche ihnen religiöse Interpretationen ihres unverstandenen Schicksals anbot. Als Heranwachsende und Erwachsene versuchten sie ihre Misshandlungen zu verarbeiten oder wenigstens zu kompensieren, indem sie einen Zugang zur „Chefetage" halluzinierten, oder, wie in der asiatischen Mystik, sich selbst als Chef, als Gott, erlebten.

Die „Gnade" der Begegnung mit „jenseitigen" Wesen verdankten die untersuchten christlichen Mystikerinnen und Mystiker einer erbarmungslosen Erziehung, die sie an dem erkranken ließ, was man heute Borderline-Syndrom nennt. Alle untersuchten Mystiker litten an schweren psychischen Störungen aufgrund traumatischer Kindheitserfahrungen. Ihre religiösen, speziell mystischen, Praktiken muss man als einen unbewussten Selbsttherapieversuch verstehen, der jedoch in allen untersuchten Fällen misslang.

Alle untersuchten Mystiker, ob Männer oder Frauen, wurden als Kinder sexuell missbraucht, in der Regel von männlichen Erziehungspersonen. Eine weitere Traumatisierungsursache waren der Entzug von Sinnesreizen, sogenannte Deprivationen. So erlitten sie einen extremen Mangel an körperlicher und seelischer Zuwendung und den Entzug von Umgebungsreizen, wie Licht, Nahrung und Bewegung. Folterähnliche sensorische Deprivationen mussten Kleinkinder von der Antike bis ins 17. Jahrhundert, in manchen Weltgegenden bis heute, durch strammes Wickeln erleiden. Dabei wurde der ganze Körper so straff eingebunden, dass sich das Kind nicht mehr bewegen konnte; manchmal wurden die Augen zusätzlich mit einem Tuch abgedeckt. Die Praxis der stundenlangen Ruhigstellung durch strammes Wickeln führte zu Juckreizen, Beklemmungen und Verlassenheitsgefühlen. Mit Licht machten diese armen Kinder oft nur in den wenigen Minuten der „Fütterung" Bekanntschaft, bei der damals oft Honig gegeben wurde. Von daher wahrscheinlich die Verbindung der mystischen Vereinigung mit Erleuchtung, Helle, Licht und die häufige Bezeichnung des himmlischen Personals oder der „Vereinigung" mit ihm als „süß". Diese Erziehungstorturen führten bei den untersuchten Personen zu einer Fixierung an Traumata.

Kinder, die misshandelt wurden, misshandeln sich als Erwachsene häufig selbst. Bei den christlichen Mystikern finden sich Selbstbeschädigungen in allen erdenklichen Formen, so in exzessiven Selbstgeißelungen, Schlafentzug, Schlafen in Glasscherben, Beschädigungen der Geschlechtsteile und überlangem Nahrungsentzug. Die Mystiker versuchten mit solchen Selbstbestrafungen total gute Objekte, nämlich himmlische Wesen, herbeizuleiden.

Bei manchen christlichen Mystikern tritt das Phänomen der Stigmatisation auf, es meint das Bluten an den Stellen des Körpers, an denen Jesus ans Kreuz genagelt worden sein soll. Stigmatisationen lassen sich durch ausdauernde Konzentration, also durch (unbewusste) Selbsthypnose, auf diese Zeichen des Auserwähltseins erklären.

Die halluzinatorischen Vereinigungserlebnisse mit göttlichen Familienmitgliedern kann man als Entschädigungen verstehen für die in der Kindheit erfahrene Gleichgültigkeit, Zurückweisung, den Mangel an menschlicher Wärme und Geborgenheit.

Mystiker waren und sind also keine beneidenswerten Menschen, weil sie sich etwa des Wohlwollens von oben schon zu Lebzeiten versichern konnten oder die wahre Natur des Seins erfahren haben, wie die buddhistischen Mystiker glauben. Im Gegenteil: Die „echten" Mystiker waren sehr bedauernswerte Menschen, weil sie ihr ganzes Leben an schmerzhafte irrationale Heilungsversuche ihrer Kindheitstraumata gekettet waren.

Mystische Erfahrungen, in denen keine jenseitigen Wesen vorkommen, sogenannte apersonale Mystiken, finden sich vor allem in östlichen Religionen und hier besonders im Buddhismus. Der Erlebende glaubt, eine letzte und höchste Wirklichkeit, eine „ultimate reality", wahrzunehmen. Er glaubt, die Grenzen von Raum, Zeit und individuellem Selbst überschritten zu haben und mit allem vereint zu sein. Diese Erfahrungen gehen manchmal mit außergewöhnlichen Glückseligkeitsempfindungen einher und hinterlassen für eine gewisse Zeit eine große Gelassenheit.

Große mystische Erfahrungen können auch Atheisten erleben, wie es Zen-Buddhisten manchmal sind. Jeder Mensch, der sich extremen körperlichen und psychischen Anstrengungen unterzieht (oder zur richtigen Zeit die richtige Droge nimmt), kann dieser Freiheit-Einheits-Erfahrung teilhaftig werden. Mystisches Erleben muss also nicht immer auf psychischen Erkrankungen beruhen. Ein solches Erleben beweist aber nur, dass unser psychischer Haushalt über einen Mechanismus verfügt, in besonders stressigen oder gar als lebensgefährlich empfundenen Situationen auf Glückseligkeit und Gelassenheit umzuschalten.[17]

Als Fazit können wir festhalten: Ob sogenannte echte oder unechte mystische Erfahrungen, keine von ihnen beweist auch nur ansatzweise, dass es so etwas wie jenseitige Sphären oder Wesen gibt.

Was grundsätzlich gegen mystische Erfahrungen spricht

Für die mystischen Erfahrungen gelten die gleichen Einwände wie für die Geistererfahrungen. Die Einwände gelten auch für Erfahrungen der Mystiker polytheistischer Religionen, wie sie vor allem im Hinduismus anzutreffen sind. Wir erinnern an den Haupteinwand: Gegen Jenseitserfahrungen spricht die fehlende Überprüfbarkeit: Weder haben mehrere Menschen nachweislich gleichzeitig jenseitige Wesen wahrgenommen, noch haben solche etwas mitgeteilt, was die Menschen nicht wissen konnten und sich später als wahr herausstellte.

Bei den mystischen Erfahrungen stellt sich zudem die Frage nach der Vereinbarkeit der Erfahrungen der Mystiker der verschiedenen Religionen: Diese Erfahrungen können einfach nicht alle wahr sein. Wenn der Monotheismus wahr ist, kann es kein hinduistisches, buddhistisches oder taoistisches Jenseitspersonal geben. Und umgekehrt, wenn der Polytheismus wahr ist, kann es keinen Jahwe oder Allah als einzigen Gott geben. Auch sind die Erfahrungen der christlichen Mystiker nicht mit denen der moslemischen Mystiker vereinbar: Jesus wird von ersteren als Gottes Sohn oder als Gott erfahren, von letzteren nicht. Für den Islam ist Jesus ja nur ein Prophet unter vielen Propheten.

Warum erfahren Mystiker immer nur übernatürliche Wesen der eigenen Religion? Höchstwahrscheinlich, weil diese Erfahrungen, genau wie die Geistererfahrungen, theorieinduziert sind. Den Mystikern wurde von diesen übernatürlichen Wesen von Kindesbeinen an erzählt, für ihre Psyche gehörten sie zur Familie, zur reichen Verwandtschaft. Als die Mystiker in ihre Psyche hinabstiegen, lernten sie endlich die reiche Verwandtschaft kennen.

●●● Fazit: Dagegen, dass Offenbarungen von Gott oder anderen übernatürlichen Wesen stammen, spricht:

1. Offenbarungen sind nicht überprüfbar, jeder kann solche behaupten.

2. Sie enthalten kein Wissen, das über das ihrer Entstehungszeit hinausgeht.

3. Sie bedeuten widersprüchliche Behauptungen, da Gottheiten erfahren werden, die, nach den Glauben der jeweiligen Religionen, nicht alle existieren können.

4. „Begegnungen" mit Gott oder Göttern lassen sich problemlos auf natürliche Weise erklären. Sie können bewusst oder unbewusst durch verschiedenste Methoden herbeigeführt werden. ●●●●●●●●●●●●●●●●●●●

3. Viele Menschen haben mit ihrem Leben Zeugnis von der Existenz Gottes abgelegt

●●● Behauptung: Viele Menschen führten ein Leben ganz im Dienste Gottes. Ein Leben der Bescheidenheit, Aufrichtigkeit und Nächstenliebe. Ohne ihren Glauben und ohne göttlichen Beistand wäre ein solches nicht möglich gewesen. Mutter Teresa ist nur ein bekanntes Beispiel, unzählige andere Menschen haben mit ihrem Leben Zeugnis von Gottes Existenz abgelegt. ●●●●●

Fragt man Zeugen Jehovas, warum gerade ihre Religion die wahre sein soll, dann antworten sie gerne, sie hätten die „Heilige Schrift" gründlich studiert und erkannt, dass alles in ihr wahr sei. Aber nicht nur das: Als sie im Alltag ganz nach dem Geist und den Geboten der „Heiligen Schrift" lebten, fanden sie ihre Wahrheit bestätigt, alles in ihrem Leben wendete sich zum Besseren.

In allen Religionen finden sich Menschen, welche Trost und Zuversicht aus ihrem Glauben schöpfen und ihr Leben an ihm orientieren. Und in allen Religionen werden sich Menschen finden, welche ein beeindruckendes Leben im Geiste der Bescheidenheit, Nächstenliebe und Brüderlichkeit führen. Sicher schöpfen diese Menschen die Kraft zu einem solchen Leben auch aus ihrem Glauben. Dass sich „heilige" Lebensweisen auch bei Nichtgläubigen und bei Anhängern der verschiedensten Religionen finden, die nicht alle wahr sein können, bedeutet aber, dass die Lebensweise wenig bis gar nichts mit der *Wahrheit* des Glaubens zu tun hat.

●●● Fazit: Ein „frommes" oder „heiliges" Leben, auch ein besseres Alltagsleben, beweist nicht die Wahrheit einer Religion, denn solche Lebensweisen kann es bei jeder Religion, wie auch bei nichtreligiösen Menschen geben. ●●●●●●●●●●●●●●●●●●●●●●●●●●●●●●

4. Übernatürliche Wesen haben sich den Menschen in den „Heiligen Schriften" mitgeteilt

●●● Behauptung: Wir haben nicht nur durch zahlreiche Offenbarungen Kenntnis von Gottes Willen und Wirken, Gott hat sich auch auf vielfältige Weise in den „Heiligen Schriften" der Menschheit mitgeteilt. Wer sie wirklich liest, wird erkennen, dass ihre Worte nicht von Menschen stammen können, dass sie göttlichen Ursprungs sind. Da heute jeder die Möglichkeit hat, Gottes Wort zu lesen, kann sich auch niemand mehr damit herausreden, Gottes Wahrheit nicht gekannt zu haben. ●●●●●●●●●●●●

Die jeweiligen Anhänger der Buchreligionen sind, bis auf eine Ausnahme, überzeugt, dass ihr heiliges Buch, mehr oder minder direkt, die Worte Gottes enthält. Buchreligionen sind die drei monotheistischen Religionen, außerdem der Hinduismus und der Buddhismus. Der Buddhismus ist die erwähnte Ausnahme: Seine heiligen Bücher enthalten die Worte des Menschen Buddha, der allerdings von den meisten seiner Anhänger *wie* ein Gott verehrt wird und von vielen *als* ein Gott.

Die gläubigen Anhänger der Buchreligionen sind in einer beneidenswerten Lage: Sie besitzen ein Buch, das alles wirklich Wichtige über „Gott und die Welt" enthält, das auf alle wichtigen Fragen des Lebens eine Antwort gibt und mit dem alle wichtigen Probleme gelöst werden können. Wer hätte nicht gern so ein Buch?

Die „Heiligen Schriften" Indiens

Die „Heiligen Schriften" der Hindus werden meist mit dem Überbegriff Veden bezeichnet, was Wissen bedeutet. Neben den ausdrücklich als Veden bezeichneten Schriften haben die Hindus auch noch andere „Heilige Schriften", wie das

Kriegsepos *Bhagavad Gita*. Für die Hindus sind die Veden „ewige Wahrheiten", welche die Götter den alten Sehern, den Rishis, offenbarten.

Wie auch bei den „Heiligen Schriften" der Juden, Christen und Moslems sind vedische Texte Mischungen aus Ritualformeln, Bitt- und Lobliedern, Gesetzesvorschriften, Erzählungen, Belehrungen über die Verfasstheit der Welt, Strafandrohungen und Versprechungen. Im Gegensatz zu den monotheistischen Göttern Jesus und Allah drohen die indischen nicht mit einer *ewigen* Hölle, allerdings schon mit Abermillionen Jahren von Höllenqualen.

Die „Heiligen Schriften" der Inder sollen zwischen 1500 ungefähr 500 v.u.Z. entstanden, allerdings erst um 500 u.Z. niedergeschrieben worden sein. Sie sind, wie die jüdischen Texte, das Werk von Priestern beziehungsweise Priester-Dichtern. Der Priesterberuf wurde bei den Indern, wie auch bei den Israeliten, von bestimmten Familien ausgeübt. Mit ihrem angeblichen Wissen über die Beeinflussbarkeit von übernatürlichen Wesen verdienten diese Familien ihren Lebensunterhalt. Dieses Wissen, das Wissen um die richtigen Gebete und Rituale, wurde nur innerhalb der Familie weitergegeben, es stellte ja das Betriebskapital der Familie dar. Das Wissen war also ein geheimes, ein esoterisches. Schon deshalb kann kein großes Interesse daran bestanden haben, dieses Wissen schriftlich festzuhalten, aus ihm „Heilige Bücher" zu machen. Das geschah erst, als es zur Legitimation der Ansprüche bestimmter Familien und Gruppen notwendig wurde (und technisch möglich war).

Thora und Bibel

Die Bibel ist eine Schöpfung des Christentums. Es vereinnahmte heilige Texte des Judentums und bezeichnete diese als Altes Testament. Testament wird hier im Sinne von *Bund mit Gott* verstanden. Zu den jüdischen Texten fügten die Christen das von ihnen so genannte Neue Testament hinzu, welches aus Berichten über das Leben Jesu besteht, verschiedenen Briefen zur christlichen Lehre, der Geschichte der Jünger Jesu und einer Vision über den Weltuntergang. Das Ganze nannten sie Bibel, das griechische Wort für Buch.

Die Juden nennen ihre „Heiligen Schriften" Thora oder Tanach. Sie enthalten mehr Texte als das Alte Testament. Das Alte Testament der Katholiken enthält wiederum mehr Texte als das der Protestanten. Erst um das Jahr 100 unserer Zeitrechnung legten Rabbiner die hebräische Bibel, die Thora oder den Tanach, im Detail fest. Das Alte Testament versammelt Texte aus einem Zeitraum von 1000 Jahren.

Die Entstehung des Neuen Testaments zog sich über drei Jahrhunderte hin; man könnte sogar von 15 Jahrhunderten sprechen. Das Neue Testament ist auf jeden Fall nicht das Werk der Jünger Jesu, kein Autor der vier Evangelien hat Jesus persönlich gekannt. Trotzdem glaubten die Christen, und wahrscheinlich glauben es die meisten von ihnen auch heute, dass die Evangelien nicht nur Berichte von Zeitzeugen sind, sondern von Menschen, die unmittelbar an den geschilderten Ereignissen beteiligt waren. Inzwischen weiß man, die ursprüngliche Quelle der Bücher der Evangelien ist verschollen. Die Schriftstücke, aus denen das Neue Testament zusammengesetzt wurde, sollen nach heutiger Lehrmeinung in den Jahren zwischen 65 und 120 unserer Zeitrechnung entstanden sein. Ab 367 galt die Zusammenstellung des Bischofs Athanasius von Alexandria für Christen als verbindlich. Sein Korpus des Neuen Testaments umfasst 27 Schriften. Viele der zirkulierenden christlichen Schriften nahm er nicht auf, sie nennt man apokryph, das heißt verborgen. Noch zur Zeit Luthers, also im 16. Jahrhundert, stritt man sich darüber, welche Schriften in die Bibel gehören und welche nicht. Für die katholische Kirche legte erst das Konzil von Trient 1546 die „endgültige Form der biblischen Textsammlung fest".[18]

Das „Wort Gottes" ist also das Ergebnis eines über 2500 Jahre langen Prozesses der Auswahl einiger von Menschen verfasster Texte.

Der Koran

Für die Moslems ist der Koran das für alle Zeiten gültige Wort Gottes. Als einen Beweis sehen sie seine Klarheit und Widerspruchsfreiheit an, welche der Koran selbst behauptet.

Der Koran enthält 114 Abschnitte, die Suren, die wiederum in Verse gegliedert sind. Die Suren sind weder inhaltlich noch chronologisch geordnet, sondern, mit Ausnahme der ersten Sure, nach abnehmender Länge. Der Koran soll Mohammed, ein 570 in Mekka geborener Kaufmann, durch den Erzengel Gabriel verkündet worden sein. Da Mohammed des Lesens und Schreibens unkundig war, diktierte er die Worte des Engels Schriftkundigen. Viele seiner Zuhörer sollen sie auch auswendig gelernt haben. 18 Jahre nach Mohammeds Tod soll der dritte Kalif Osman die verstreuten Niederschriften der Offenbarungen zu dem heutigen Koran zusammenstellen haben lassen.

Für die außerislamische Koranforschung stellt sich die Entstehung des Korans als nicht so eindeutig dar. Bisher führte sie zu zahlreichen, sich zum Teil widersprechenden Ergebnissen. Schon die islamische Überlieferung weiß von Passagen, die vor Mohammeds Tod entfernt oder verändert worden sein sollen. Auch sind die Inhalte von manchen Versen durch spätere Offenbarungen abgeschwächt, geändert oder außer Kraft gesetzt worden. Dieses Entfernen, Außerkraftsetzen oder Verändern, als „Abrogation" (arab. naskh) bezeichnet, hat ein umfangreiches islamisches Schrifttum hervorgebracht. Die Schiiten, eine der beiden großen islamischen Glaubensrichtungen, vertreten die Auffassung, dass dabei einige Passagen aus dem Koran getilgt wurden. Um die verschiedenen Koran-Sammlungen und somit um die richtigen Worte Gottes wurde sogar ein Krieg geführt.

Für die moderate Islamforscherin Angelika Neuwirth ist der Koran „weder vom Himmel gefallen" noch überhistorisch noch von einem einzigen Menschen geschaffen, sondern das Ergebnis eines „Kommunikationsprozesses"[19]: nämlich jahrelanger Diskussionen Mohammeds mit seinen Anhängern, die seine Offenbarungen erörterten, sich fragten, wie sich die Offenbarungen zu den bekannten Religionen verhielten und was sie für das alltägliche Leben bedeuteten. Im Mekka zur Zeit Mohammeds kannte man das Juden- und das Christentum und natürlich die eigenen polytheistischen Stammesreligionen, in denen schon ein oberster Gott namens Allah verehrt wurde. Wegen der Abschleifungen durch Diskussionen erhielt der Koran den Inhalt, der ihn dann so erfolgreich machen sollte, so Neuwirth. Sie meint auch, dass viele Suren schon zu Lebzeiten Mohammeds schriftlich fixiert, aber nicht als unantastbar betrachtet wurden. Das geschah erst im Laufe der erfolgreichen Entwicklung der neuen Religion. Das würde die merkwürdige Behauptung der moslemischen Tradition erklären, dass noch zu Zeiten Mohammeds Verse abgeschwächt, verändert oder sogar entfernt worden sein sollen. Wenn man die Verse als unantastbar angesehen hat, weil sie die Worte Gottes sind, wie hätte man sie dann verändern oder gar entfernen dürfen?

Prüfsteine für „Heilige Schriften"

Bevor Menschen das Lesen und Schreiben erfanden, gab es keine „Heiligen Schriften". Bis heute hängen Milliarden von Menschen Religionen an, die keine „Heiligen Schriften" besitzen, so alle sogenannten Naturreligionen. Diese Menschen geben die Worte ihrer übernatürlichen Wesen mündlich weiter. Es stellt sich die grundsätzliche Frage, warum die Worte der Geister und Götter dieser Religionen weniger wahr oder wert sein sollen, als die der Schriftreligionen.

Die Vorzüge der „Heiligen Schriften" liegen auf der Hand: Geschriebene Worte mussten nicht auswendig gelernt werden, ihre Verkündigung war nicht nur auf Erzähler angewiesen, sie konnten vervielfältigt und dadurch schnell an sehr viele Interessenten weitergegeben werden. Der Glaube an die Wahrheit dieser Schriften wurde unterstützt durch die Autorität, welches Geschriebenes allgemein besitzt, besonders beim sogenannten einfachen Volk, aber auch bei den Gelehrten selbst. So glaubte einer der einflussreichsten Theologen des Christentums, der „heilige" Augustinus (354-430), an die Existenz von Drachen, weil er in Büchern über sie gelesen hatte. Aber das sind natürlich alles keine Gründe, welche für die Wahrheit der Schriftreligionen sprechen.

Wer verlangt, dass wir etwas als heilig und wahr betrachten, weil in einem Buch steht, dass es die Worte übernatürlicher Wesen enthält, der sollte irgendwie beweisen, dass es die Worte übernatürlicher Wesen enthält und dass diese heilig und wahr sind. Dass in einem Buch steht, es sei das Wort Gottes oder anderer höherer Wesen, genügt als Beweis nicht, Papier ist bekanntlich geduldig. Schon der Philosoph René Descartes (1596-1650) wies darauf hin, es sei ein Zirkelschluss, die heiligen Bücher als Offenbarungen Gottes zu betrachten, weil das in diesen Büchern behauptet wird. Mit einem Zirkelschluss ist gemeint, dass das, was bewiesen werden soll, mit dem bewiesen wird, was bewiesen werden soll.

Deshalb sagen manche religiöse Menschen, unsere Religion ist nicht nur deshalb wahr, weil das in unserem heiligen Buch behauptet wird. Wir können die Heiligkeit unseres Buches auch mit verschiedenen anderen Dingen belegen. Als besonders beweiskräftig sehen sie die Praxis eines religiösen Lebens an: Wer nach den Regeln einer Religion lebt, erfährt ihre Wahrheit am eigenen Leib. Dieses Argument habe ich schon oben als untauglich zurückgewiesen: In jeder Religion gibt es Menschen, die gut mit ihr leben, da aber nicht alle Religionen wahr sein können, ist das gute Leben kein Beweis. Umgekehrt gilt ja auch: In jeder Religion gibt es Menschen, die wegen ihr leiden, deshalb muss die Religion nicht schon falsch sein. Auf jeden Fall sollte zu einem Beweis, dass es sich bei einer Schrift tatsächlich um eine heilige handelt, sie überirdischen Ursprungs ist, mehr hinzukommen, als die bloße Versicherung ihrer Heiligkeit und die Erfahrungen von Anhängern.

Wie können wir also herausfinden, ob die Schreiber der heiligen Texte tatsächlich Botschaften von höheren Wesen empfangen und wortgetreu wiedergegeben haben?

1. Wir können prüfen, ob eine Schrift sachliche Fehler enthält, ob beispielsweise Aussagen über die Natur korrekt sind oder historische Ereignisse tatsächlich so stattgefunden haben, wie sie in der Schrift geschildert werden.

2. Wir können prüfen, ob eine Schrift ein besonderes, dem Menschen unzugängliches, aber überprüfbares Wissen enthält. Ob sich zum Beispiel ein für ihre Zeit nicht mögliches wissenschaftliches Wissen findet oder Vorhersagen eingetroffen sind.

3. Wir können die Aussagen einer Schrift auf ihre Stimmigkeit prüfen. Ein Text von höheren und klügeren Wesen als wir sollte keine Widersprüche enthalten. Es würde bedeuten, dass diese Wesen unfähig oder unwillig waren, sich eindeutig zu äußern.

4. Wir können die Moral einer heiligen Schrift prüfen. Dabei ist nicht nur die ausgesprochene, sondern auch die unausgesprochene wichtig, diejenige Moral, die sich aus den Handlungen und Handlungsaufforderungen des übernatürlichen Personals ergibt.

5. Wir können prüfen, ob eine heilige Schrift gute Früchte getragen hat, ob ihre Anhänger bessere Menschen wurden, die Welt besser verstanden und das Leben in der Welt verbessert haben.

Die drei wichtigsten der aufgeführten Kriterien sind die der sachlichen Korrektheit, der Ethik und der Widerspruchsfreiheit. Bei einem Widerspruch liegen Behauptungen vor, die nicht alle wahr sein können, wie „es gibt nur einen Gott" und „es gibt viele Götter". Oder es werden Forderungen aufgestellt, die nicht alle erfüllt werden können, wie „du sollst nicht töten" und „wenn jemand am Sabbat arbeitet, töte ihn".

Widersprüche verwirren, wer sie ernst nimmt, den desorientieren sie.

Eine Prüfung mittels der aufgezählten Kriterien fällt bei allen „Heiligen Schriften" vollkommen negativ aus. Sie enthalten viele sachliche Fehler, kein besonderes Wissen, sind voller Widersprüche, zutiefst unethisch und haben die Menschen nicht gebessert, was allein an der Zahl der Kriege, die religiöse Menschen führten, ersichtlich ist.[20]

Die vielen Fehler, Widersprüche und Unklarheiten, welche übernatürliche Wesen in „ihren Schriften" produzierten, werfen die Fragen auf, ob diese wörtlich zu verstehen sind und warum vollkommene Wesen unfähig sind, fehlerfreie und eindeutige Texte zu verfassen beziehungsweise solche verfassen zu lassen. Zumindest riefen die „Heiligen Schriften" den Beruf des professionellen Textdeuters, des Theologen, ins Leben und versorgten ihn mit nie versiegender Arbeit.

Ein grundsätzlicher Widerspruch der „Heiligen Schriften"

Der grundsätzliche Widerspruch zwischen Polytheismus und Monotheismus schlägt auch auf die „Heilige Schriften" durch, da es polytheistische und monotheistische „Heilige Schriften" gibt. Dieser Widerspruch bedeutet: Auf jeden Fall können nicht alle als heilig geltenden Schriften wahr sein, denn entweder sind im Jenseits viele Götter oder es existiert dort nur ein Gott. Schriften, die falsche Behauptungen über die Jenseitsverhältnisse aufstellen, sollte man nicht als heilig betrachten und es ist extrem unwahrscheinlich, dass sie von übernatürlichen Wesen stammen. Außer man unterstellt diesen, dass sie uns belügen.

Welche „Heiligen Schriften" stellen aber falsche Behauptungen über das Jenseits auf, die indischen oder die der Monotheisten, also die der Juden, Christen und Moslems? Die Meinung der alten Inder teilten auch die alten Ägypter,

Griechen, Römer und Germanen, ja alle Völker dieser Erde waren überzeugt, dass es viele Götter gibt. Nur diejenigen, die von den Christen und Moslems mehr oder minder freiwillig bekehrt wurden, glauben seitdem, es gebe nur einen Gott.

Warum nehmen wir aber eigentlich so selbstverständlich an, dass die Götter der Griechen, Römer oder Germanen nicht existieren? Weil sie so menschlich sind und deshalb Erfindungen, Projektionen von Menschen in den Himmel, sein müssen? Die monotheistischen Götter Jahwe, Jesus und Allah sind genauso menschlich: Sie sind zornig, eifersüchtig, rachsüchtig, liebeshungrig und wenn sie gut aufgelegt sind, haben sie Anfälle von Mitgefühl und verlangen dieses auch von ihren Geschöpfen. Es hat absolut nichts mit besseren Erkenntnissen, mit Wahrheit zu tun, sondern nur mit geschichtlichen Zufällen, mit sich verschiebenden Machtkonstellationen, dass ungefähr die Hälfte der Menschheit heute monotheistisch ist und nicht mehr an die Götter ihrer frühen Vorfahren glaubt.

Genaugenommen ist es eine sinnlose Frage, ob sich bei der Frage nach der Zahl der Götter die Wahrheit oder die Macht durchgesetzt hat, denn wir können nicht feststellen, ob die Monotheisten oder die Polytheisten Recht haben oder die Atheisten. Die meisten Religionsanhänger machen sich die Unmöglichkeit, hier eine Entscheidung zu treffen, und den fundamentalen Widerspruch zwischen den Wahrheitsansprüchen der Monotheisten und Polytheisten nicht wirklich bewusst, dadurch verhindern sie den unangenehmen Zustand der Desorientierung.

Auch die monotheistische Bücher Bibel und Koran widersprechen sich fundamental: Entweder ist Jesus Gott bzw. sein Sohn, wie die Bibel behauptet, oder er ist „nur" ein Prophet, wie der Koran behauptet. Auch dieser Widerspruch bedeutet, dass eine der zwei „Heiligen Schriften" grundsätzlich falsch liegen muss.

●●● **Fazit:** Allein der Widerspruch zwischen Polytheismus und Monotheismus und die Unmöglichkeit, festzustellen, wer von beiden Recht hat, entzieht den Anhängern einer „Heiligen Schrift" das Recht zu behaupten, ihre Schrift sei zweifellos das Wort Gottes oder der Götter. Kein Anhänger kann beweisen, dass es nur einen Gott oder dass es viele Götter gibt, dass also gerade seine Schrift die Wahrheit über die Jenseitsverhältnisse enthält. Das bedeutet, jede Religion, die sich auf eine dieser „Heiligen Schriften" beruft, kann fundamental falsch sein. Deshalb ist es irrational, davon überzeugt zu sein, dass gerade die Schrift die wahre Schrift ist, die man mehr oder minder zufällig für die wahre hält, weil man beispielsweise mit ihr erzogen wurde. ●●●●●●●●●●

5. Weil Gott allmächtig, allwissend und allgütig ist, können wir gerettet werden

●●● Behauptung: Weil der Mensch sündigte, ist diese Welt und dieses Leben kein Paradies. Nur ein allmächtiges Wesen konnte diese Welt schaffen und nur ein allmächtiges Wesen, kann den sündigen Menschen retten. Weil Gott allmächtig, allwissend und allgütig ist, darf jeder, der guten Willens ist, auf Rettung hoffen. ●●●●●

Du sollst dir kein Bildnis machen

Manche religiöse Menschen, besonders Theologen, werfen Religionskritikern vor, sie würden sich falsche Bilder von Gott machen, deshalb treffe ihre Kritik nicht zu. Diesen Vorwurf erheben Theologen auch gegenüber Gläubigen, vorzugsweise gegenüber solchen, die anderen Religionen angehören. Viele Gläubige, so die Theologen, würden sich auf ihre Bedürfnisse zurechtgeschnittene Gottesbilder basteln. Die meisten der heutigen Theologen scheinen aber der Ansicht, dass es keinen Beweis für die Existenz Gottes gibt. Es ist zumindest merkwürdig, jemandem vorzuwerfen, er habe ein falsches Bild von einem Wesen, dessen Existenz nicht einmal sicher ist.

In den „Heiligen Schriften" werden Gott sehr viele Eigenschaften zugeschrieben und dadurch wird ein Bild von ihm gemalt. Unter den Theologen der monotheistischen Religionen herrscht zumindest über fünf Eigenschaften Gottes Einigkeit. Sie ergeben sich für die Theologen auch aus dem Begriff Gott, ein Wesen, welche diese Eigenschaften nicht hätte, wäre für sie gar kein Gott. Gott muss demnach allmächtig, allwissend, allgütig, gerecht und vollkommen sein.

Diese Zuschreibungen können aber alle nur schlecht durchdachte menschliche Erfindungen sein: Allmacht ist unlogisch, selbstwidersprüchlich, weder könnte Gott die Gesetze der Logik und Mathematik ändern, noch einen Stein schaffen, der so schwer ist, dass er ihn selbst nicht heben kann. Vollkommen unlogisch ist auch, dass ein allmächtiges Wesen Diener, Krieger und Missionare brauchen soll. Die Allwissenheit steht in Widerspruch zur Willensfreiheit. Gerechtigkeit, Allgüte und Vollkommenheit stehen im Widerspruch zu den unethischen Lehren und Handlungen der Götter, vor allem der monotheistischen Götter Jahwe, Jesus und Allah.[21]

Der schwerwiegendste Widerspruch in den „Heiligen Schriften"

Der schwerwiegendste Widerspruch in den religiösen Schriften ist der ethische. Hier handelt es sich nicht um einen zwischen den verschiedenen „Heiligen Schriften", sondern um einen, der sich in jeder einzelnen Schrift findet. Für die „Heiligen Schriften" gilt sogar, dass die ethische Widersprüchlichkeit bei ihnen kein Lapsus ist, sie werden von ihr durchzogen wie ein von starkem Schimmel befallenes Brot.

Mit dem ethischen Widerspruch meine ich die Mischung aus ethisch äußerst negativen und positiven Aspekten, das rasche „Kippen" einer ethisch „extrem inhumanen zu humaneren Haltungen und Handlungen", wie es der Psychologe Franz Buggle formuliert. In den „Heiligen Schriften" findet sich archaische Grausamkeit neben den Idealen der Nächsten- und Feindesliebe, wobei erstere bei weitem überwiegt.

Den extremsten ethischen Widerspruch finden wir im Christentum und im Islam. Auf der einen Seite soll es sich bei ihren Göttern, Jahwe, Jesus und Allah, um allgütige und allbarmherzige Wesen handeln, auf der anderen Seite drohen zwei dieser Götter mit *ewiger* Höllenqual. Jahwe, Jesus und Allah kennen nicht einmal gewöhnliche menschliche Gnade und Barmherzigkeit, denn nur die erhalten von ihnen Lohn, welche ihren Regeln folgen. Das hat aber nichts mit Gnade und Barmherzigkeit zu tun, das ist ein ganz gewöhnliches Geschäft. Mit dem Unterschied, dass allein diese Götter die Geschäftsvereinbarungen bestimmen. Zusätzlich verlangen sie, was alle Feudalherrscher verlangen: absolute Gefolgstreue. Und wie alle Feudalherrscher halten sie sich die Möglichkeit offen, jemanden, der eine Regelverletzung begangen hat, nicht zu bestrafen. Diese Möglichkeit erlaubt Straferlass ohne Gesichtsverlust und schützt vor dem Verlust zu vieler Anhänger. Auf Straferlass, auf Gnade, hat natürlich niemand einen Anspruch, der Feudalherrscher (Stammesführer, Scheich, Fürst, Emir, König, Gott) entscheidet nach Gutdünken.

Im Koran findet sich diese Zuckerbrot-und-Peitsche-Politik, das Anfüttern mit der Hoffnung auf Straferlass und der Drohung mit Willkürbestrafung in zwei Versen hintereinander. So heißt es in Sure 5,39, auf Strafe verzichte Allah bei demjenigen, der „bereut und die Dinge wieder richtet". Er „ist bereit zu vergeben, barmherzig". Dieses Versprechen wird jedoch schon von dem folgenden Vers entwertet, denn dort heißt es, er bestraft, „wen er will, und er vergibt, wem er will. Gott ist aller Dinge mächtig." Dass Allah nach Gutdünken bestraft und vergibt, zeichnet ihn als einen typischen feudalen Willkürherrscher aus. Wie alle Despoten verabscheut er eine Ordnung, in der man sich auf Gesetze verlassen kann.

Jahwe, der „Gott Abrahams, Gott Jakobs, Gott Isaaks", den Pascal halluzinierte, war der Gott, der für vorehelichen Geschlechtsverkehr die Steinigung von Frauen befahl; der *alle* Menschen *und* Tiere ersäufen ließ, bis auf je ein Paar, weil er sah, „dass auf der Erde die Schlechtigkeit des Menschen zunahm" (1 Mos 6,5-6). Er war der Gott der Sippenhaft, der nicht nur die Menschen verflucht, die nicht glauben können, dass er der einzige Gott ist, sondern auch deren Kinder und Kindeskinder, und der ausnahmslos alle Menschen bis heute leiden lässt, weil die ersten zwei Menschen unerlaubterweise einen Apfel aßen.

Auch die Lehren Jesu waren keinen Deut humaner, er droht mit *ewigem* Höllenfeuer, was Allah übernimmt, aber Jahwe noch nicht kennt. Die Lehre von der ewigen Höllenqual ist bis heute in den christlichen Kirchen und im Islam gültig.[22]

●●● Fazit: Der Allmacht Gottes widerspricht, dass die Menschen ihm dienen und für ihn kämpfen sollen.

– Seiner Allmacht und Allgüte widerspricht, dass er eine unermesslich leidvolle Welt geschaffen hat.

– Seiner Allgüte widersprechen seine barbarischen Gesetze, sein Rassismus, die Legitimierung von Sklaverei und Frauenunterdrückung, seine Aufrufe zum Mord an Alten, Frauen, Kindern und zum Völkermord.

– Seiner Allgüte widersprechen die ungezählten Morde an unschuldigen Wesen, die er auch selbst durch die Sintflut begangen hat.

– Seiner Allgüte widerspricht, dass er mit ewigen Höllenstrafen droht.

- Seiner Allwissenheit widerspricht das fehlerhafte, widersprüchliche und vage Wissen über die Welt in den Schriften, die sein Wort verkündigen sollen.
- Seiner Allwissenheit widerspricht die Willensfreiheit, die er den Menschen gegeben haben soll; dadurch kann die Zukunft nicht festgelegt sein und damit auch nicht gewusst werden.
- Seiner Vollkommenheit widerspricht, dass er eifersüchtig, zornig, rachgierig, blutdürstig und verehrungshungrig ist.
- Jeglichem Gerechtigkeitssinn widerspricht, dass er Menschen allein dafür mit ewiger Hölle bestraft, dass sie nicht den richtigen Gott anbeten. ●●●●●●●●●

Offenbarte sich Gott auf eine pädagogische Weise?

In seinem Buch *Gott* weiß der Katholik Manfred Lütz, dass Gott bei der Verkündigung pädagogisch vorging. Gott teilte nur so viel den Menschen mit, wie sie verstehen konnten. Wir wissen nicht, woher Lütz um die pädagogischen Absichten Gottes weiß.

Selbst wenn Gott (oder die Götter) sich auf pädagogische Weise offenbart hätte, es bildet keinen Einwand gegenüber den widersprüchlichen Forderungen, die er erhebt, wie das strikte Tötungsverbot in den Zehn Geboten und die gleichzeitigen Tötungsgebote, vor allem im 3. Buch Mose, dem sogenannten Leviticus. Eine pädagogische Weise der Offenbarung bildet auch keinen Einwand gegenüber einem punktuell besonderen und überprüfbaren Wissen. Gott hätte vor 2000 Jahren nicht die Relativitätstheorie verkünden müssen, für den Hinweis, dass die Erde eine Kugel ist und sich um die Sonne dreht, wären ihm die Seefahrer sicher dankbar gewesen. Aber kein Gott, kein Prophet hat dieses oder ein anderes besonderes oder nützliches Wissen verkündet, ob auf technischem, naturwissenschaftlichem, medizinischem oder sozialem Gebiet. Die Götter der monotheistischen Religionen haben seltsamerweise am liebsten Strafandrohungen verkündet.

Außerdem: Warum soll Gott so ein schlechter Pädagoge sein, dass er den Menschen nichts vermitteln kann, das über den Horizont ihrer Zeit hinausgeht? Oder war er sogar ein schlechter Pädagoge, weil er oft Unverständliches und Mehrdeutiges verkündete und sogar eindeutig Falsches, wie die Erschaffung des Universums in sieben Tagen, die Erschaffung des ersten Menschen und Mannes aus Lehm und die Erschaffung der Frau aus einer Rippe?

●●● Fazit: Für die sogenannten „Heiligen Schriften" der Menschheit gilt:
– Sie enthalten historische und sachliche Fehler.
– Sie sind voller Unklarheiten.
– Sie widersprechen sich selbst und sie widersprechen sich untereinander.
– Sie enthalten kein Wissen, welches über das ihrer Entstehungszeit hinausgeht. ●●●●●●●●●●●●●●●●●

6. Gott ist nicht mit menschlichen Maßstäben messbar

●●● Behauptung: Wir dürfen Gott keine Eigenschaften zuschreiben, weil jede Zuschreibung Menschenwerk ist, Gott ist aber mit menschlichen Maßstäben nicht messbar. Wir kennen auch nicht seine Absichten, deshalb können wir Dinge, die uns als ungerecht und grausam erscheinen, nicht als solche beurteilen. ●●●●●●●●●●●●●

Verstehen wir die Eigenschaften Gottes richtig?

Diese Behauptung bedeutet, Gott habe zwar Eigenschaften und Absichten, aber diese seien nicht mit denen der Menschen vergleichbar und von ihnen auch nicht zu begreifen.

Wenn die Eigenschaften, welche Religionsanhänger ihrem Gott zuschreiben und die er sich selbst zuschreibt, eine ganz andere Bedeutung haben als für uns Menschen, dann macht es keinen Sinn, ihm überhaupt irgendwelche zuzuschreiben und irgendetwas bezüglich seiner Wünsche, seiner Gebote und Verbote gegenüber dem Menschen zu äußern. Wir wissen dann ja nie, was eigentlich gemeint ist. Wenn die Sprache, mit der wir über Gott sprechen und mit der uns seine Vertreter seinen Willen mitteilen, eine ganz andere Bedeutung hat als die menschliche, dann sollten Gott und seine Vertreter konsequenterweise völlig den Mund halten.

Das gleiche gilt für den sogenannten unerforschlichen Willen Gottes. Wenn wir z. B. wegen seiner Unerforschlichkeit nicht verstehen, was zornig und eifersüchtig bedeuten, haben diese Selbstzuschreibungen Gottes für uns keinen Sinn.

Schon im *Traktat über die drei Betrüger* aus dem 17. Jahrhundert heißt es zu dem Unerforschlichkeitsargument: „Wenn gar nichts mehr helfe, berufe sich die Religion darauf, dass Gottes Ratschlüsse unergründlich seien. Der Wille Gottes [ist] das Asyl der Unwissenheit."[23]

Dem Neuen Testament entnahmen die Theologen ein dem Unerforschlichkeitsargument analoges Notargument: Gott sei eine Zumutung, ein Ärgernis. Gott widersprüchliche und inhumane Eigenschaften anzudichten und sie dann mit dem Ärgernisargument zu verteidigen, ist ein Ärgernis. Mit dem Ärgernisargument kann ich alles und nichts zurückweisen, es macht jedes Nachdenken überflüssig. Das Ärgernisargument hebt sich allerdings selbst auf, weil es Beliebigkeit erzeugt. Es ist deshalb auch kein Argument, sondern eine rhetorische Allzweckwaffe, mit der man alle Widersprüche, Unsinnigkeiten und Unmenschlichkeiten vertuschen will.

Ist der Mensch nach dem Ebenbild Gottes geschaffen oder Gott nach dem Ebenbild des Menschen?

Die widersprüchlichen und teils absurden Vorstellungen, die Gott in den „Heiligen Schriften" und von Theologen zugesprochen werden, vor allem seine Rachsucht und die Drohung mit ewiger Höllenqual, sind Beleidigungen des gesunden Menschenverstandes und wären Beleidigungen eines vollkommenen Wesens, wenn ein solches existieren würde und beleidigungsfähig wäre (ein vollkommenes Wesen müsste eigentlich vollkommen erhaben über Beleidigungen sein).

Die Verunglimpfung „vollkommener" Wesen durch die Zuschreibung von allzu menschlichen Eigenschaften erklärt sich am plausibelsten durch Projektion, durch gedankliche Verlängerung menschlicher Herrscher und ihrer Eigenschaften in den Himmel. Projektion erklärt, warum den monotheistischen Göttern von allen Eigenschaften ihrer Geschöpfe die des Gehorsams und der Treue am wichtigsten sind. Einem wirklich allmächtigen, allwissenden und allgütigen Wesen könnten diese Eigenschaften vollkommen gleichgültig sein. Projektion erklärt, warum Jahwe die Verehrung anderer Götter, die ja Fiktionen sein müssten, regelmäßig in so rasende Wut versetzt, dass er die Todesstrafe für die Verehrer gebietet. Jesus und Allah versprechen an vielen Stellen „ihrer Schriften" für dieses Verbrechen sogar ewige Folter. Dieses Verbrechen kann in dieser Welt, mit ihrem Überangebot an Göttern, doch nur ein höchstverständlicher Irrtum sein.

Viel plausibler als die Behauptung, der Mensch ist nach dem Ebenbild Gottes geschaffen, ist die umgekehrte: Gott, alle Götter, sind nach dem Ebenbild des Menschen geschaffen. Wie schon der alte griechische Philosoph Xenophanes wusste: Wenn die Ochsen Götter hätten, würden sie aussehen wie Ochsen.

●●● **Fazit:** Das übergroße Strafbedürfnis, das kranke Bedürfnis, Gehorsams- und Liebesbeweise erzwingen zu wollen, die vielen allzu menschlichen Eigenschaften, sprechen dafür, dass alle Götter eine Erfindung der Menschen sind. Sie sprechen auch dafür, dass nicht der Mensch nach dem Ebenbild Gottes, sondern Gott nach dem Bild des Menschen geschaffen wurde, nach dem eines despotischen. ●●●●●●●●●●●●●●●●●●●●●●

Ursprung und Zweck der Großreligionen

Die ersten Großreligionen waren die polytheistischen, die Vielgötterreligionen, die sich vor ungefähr 8000 Jahren entwickelten, als die Menschen größere Gemeinschaften bildeten, um Ackerbau und Viehzucht zu betreiben. Wie schon angemerkt, lebten die Menschen vorher Millionen Jahre in Jäger- und Sammlergruppen mit selten mehr als einigen Dutzend Mitgliedern.

Mit Geisterreligionen war es schwierig, große Gemeinschaften zu bilden, Gemeinschaften, die wesentlich mehr Mitglieder umfassten als die eigene Gruppe oder den eigenen Stamm. Im Stamm waren so gut wie alle miteinander verwandt, er bildete eine große Familie. Selbst die Geister gehörten zu dieser Familie, man stammte von ihnen ab, wie es das Totemtier bezeugte. Die Geisterreligionen waren Familienreligionen.

Mit den größeren Gesellschaften entwickelten sich größere soziale Unterschiede. Die ganz oben nannten sich Edle, Adlige. Ihnen war es gelungen, ihre Familien als Herrscherfamilien zu etablieren. Adelsgesellschaften nennt man auch Feudalgesellschaften. Mit ihnen sind solche gemeint, in denen der Adel regiert und die Machtbefugnisse streng von oben nach unten verteilt sind, wobei die ganz unten überhaupt keine Macht haben. Ganz oben steht der höchste Adelige, ein Stammesführer, Scheich, Fürst, König, Kaiser und sein jeweiliger Clan.

Mit der Erfindung von Bronze in Vorderasien begann vor ungefähr 5000 Jahren die Metallgewinnung. In Palästina kann sie vor 5300 Jahren nachgewiesen werden.

Schon Ackerbau und Viehzucht erforderten viel mehr Arbeitseinsatz, Disziplin und Gehorsam als in den Jäger- und Sammlergruppen nötig waren. Bei ihnen genügten im Durchschnitt vier Stunden tägliche Arbeitszeit. Bei Bauern konnte sie leicht das drei- bis vierfache erreichen. Die Metallgewinnung, wie auch später der Bau großer Paläste bis hin zu den Pyramiden, verlangte bis dahin nicht gekannte Arbeitsanstrengungen, Disziplin und viele Arbeitskräfte. Verschiedene Berufe entwickelten sich und mit ihnen sozial wesentlich differenziertere Gesellschaften, als es die Sammler- und Jägergesellschaften waren. Metallwaffen wurden zum begehrten Exportartikel und ermöglichten einen außerordentlichen Reichtum, den sich die Herrschaftsschichten aneigneten. Ihre Macht beruhte auf schwer besiegbaren Gefolgsleuten, nämlich auf solchen mit Schwertern und anderen Kriegswaffen aus Metall.

Der Mensch engagiert und opfert sich, „von Natur aus", nur für Verwandte. Großreligionen vermittelten Nichtverwandten das Gefühl, eine Familie zu sein. Dies geschah unter anderem dadurch, dass alle Mitglieder dieselben Götter anbeteten oder anzubeten hatten. Die Familie erweiterte sich zum Volk. Wie die ursprüngliche Familie hatte auch das Volk einen Vater und Herr, einen padre, padrone. Die Vermehrung der Untertanen vermehrte auch seine Macht. Der Vater wurde in den entstehenden Staaten allmächtig und den Blicken des Volkes immer mehr entzogen, er wurde unsichtbar, wurde Gott: Gott, Herrscher und Vater wurden „irgendwie" eins.

Großreligionen halfen also dabei, sich über die Verwandtschaftsgrenzen hinaus zu definieren und Individuen davon zu überzeugen, für Nichtverwandte ihr Leben zu opfern. Seitdem ist die Losung „für Gott und Vaterland" die erfolgreichste Wortkombination, um Menschen zur Tötung anderer Menschen zu bewegen.

Großreligionen implementierten auch die wichtigsten Tugenden, über die Untertanen für einen unumschränkten weltlichen Herrscher verfügen müssen: Gehorsam, Treue, Demut und Dankbarkeit. Wer nicht hören will, das heißt gehorchen, der muss fühlen. Die genannten Tugenden wurden den Untertanen nicht mit Liebe, sondern vor allem mit der Peitsche und dem Zuckerbrot unüberprüfbarer Versprechungen eingebläut.

Die religiösen Lehren der Großreligionen thematisierten die genannten Aufgaben und die Konflikte, die sich aus ihnen ergaben. Eine dieser Lehren lautete: Die Herren sind von noch größeren jenseitigen Herren eingesetzt, sind ihre Söhne, sind selbst Götter. Alles was ihr habt, habt ihr von ihnen, sogar euer Leben. Deshalb müsst ihr ihnen unablässig gehorsam und dankbar sein, Tag und Nacht den Herrn preisen, Tag und Nacht sein Lob singen.

Der Gehorsamsanspruch, welchen Gott angeblich erhob, wie auch die Gnadenlehre waren religiöse Formulierungen der Erfahrung durchgängigen Ausgeliefertseins, der Abhängigkeit und Ohnmacht der meisten Menschen in den feudalen Ordnungen. Sie waren eine Reaktion auf die absoluten Herr-und-Knecht-Verhältnisse, deren oberstes Gesetz lautete: absoluter Gehorsam nach oben, Fürsorgepflicht nach unten. Ungehorsam wurde in der Regel gnadenlos bestraft, aber die Fürsorgepflicht der Oberen konnte nicht eingeklagt werden: Die Untertanen waren ganz und gar auf die Gnade ihres Herrn angewiesen.

Die fundamental neuen sozialen Verhältnisse, die starken Hierarchien, die Herrschaft eines Einzelnen und seines Clans sind Grund für die starken Unterschiede zwischen den Geisterreligionen und den Großreligionen. Die Herr-Knecht-Sklaven-Verhältnisse erklären das Herr-Knecht-Sklaven-Vokabular der Großreligionen und sie erklären, warum Gehorsam, Strafe und fantastische Versprechen im Mittelpunkt dieser Religionen stehen.

●●● Fazit: Der Ursprung der Großreligionen waren große Gesellschaften. Die Großreligionen schufen ein Zusammengehörigkeitsgefühl unter den verschiedenen unterjochten Stämmen und Völkern und implementierten ein Gehorsamsbewusstsein, das wenigen Menschen Macht und Reichtum ermöglichte. Aus der Perspektive der Herrschenden waren die Großreligionen vor allem Systeme, die für Gehorsam ihrer Untertanen sorgten. ●●●●●●●●●●●●●●●●●●●●●●●●●●●●●●●

7. Alle Religionen sind im Grunde wahr

●●● Behauptung: Es gibt viele und sehr unterschiedliche Religionen. Diese Unterschiede sind auf die verschiedenen Entstehungszeiten und die verschiedenen Umwelten zurückzuführen. Auch sind die Menschen verschieden und interpretieren deshalb die Welt verschieden. Der Kern aller Religionen ist aber der gleiche: Es gibt etwas Höheres als den Menschen und es ist wichtig, dieses Höhere anzuerkennen. ●●●●●●●●●●●●●●●●●●●●●●●

Untere und höhere Ebene der Religionen

Religionen ähneln sich sehr stark. In allen Religionen führen die Anhänger ähnliche Rituale aus, beten sie um die Erfüllung ihrer Wünsche und die Vermeidung von Unglück, versuchen sie durch Opfer und Spenden jenseitige Wesen für sich zu gewinnen, bemühen sie sich, die Gebote und Verbote ihrer Religion zu befolgen und hoffen, dass nach ihrem Tod ein besseres Leben beginnt. Diese Eigenschaften der Religionen kann man zur unteren Ebene rechnen.

Die Religionen unterscheiden sich aber stark auf der oberen Ebene oder der ihrer Kernlehren.

Richtig ist zwar, dass alle etwas Höheres, eine höhere Wirklichkeit behaupten, das macht sie ja erst zur Religion, aber mit dieser Behauptung ist es nicht getan. Es kommt schon darauf an, wie dieses Höhere beschaffen sein soll und was es von den Menschen will. Nach den Lehren der allermeisten Religionen ist es für das Seelenheil entscheidend, ob man Anhänger der richtigen Religion ist. Nach den Lehren der Religionen ist es nicht damit getan, an die Existenz irgendeines unbestimmten Höheren zu glauben. Wer also behauptet, alle Religionen sind wahr, stellt sich außerhalb jeder konkreten Religion.

Kernlehren verschiedener Religionen

Der auffallendste und grundlegendste Widerspruch zwischen den verschiedenen Religionen ist der schon genannte zwischen Polytheismus und Monotheismus. Die Monotheisten glauben nicht, dass die vielen Götter nur Erscheinungsformen des einen Gottes sind, wie manche moderne Polytheisten behaupten. Für die Monotheisten gibt es einfach nur einen Gott. Und die Polytheisten, für die die vielen Götter nur Erscheinungsformen einen Gottes sind, glauben trotzdem, dass es in der jenseitigen Welt viele Götter gibt. Aber entweder es gibt dort viele Götter oder nur einen. Entweder haben die Monotheisten oder die Polytheisten Recht, beide können nicht Recht haben. Aber beide können Unrecht haben, es könnte auch sein, dass die Atheisten richtig liegen, dass es so etwas wie Gott oder Götter nicht gibt.

Auch der Glaube an die verschiedenen Arten von Jenseitswesen ist nicht miteinander vereinbar: Für manche Animisten gibt es nur Geister, für manche auch Götter. Für Polytheisten gibt es Geister und Götter. Die meisten Monotheisten glauben, es gibt nur einen Gott, aber noch andere übernatürliche Wesen, wie Geister, Heilige, Engel und Teufel. Für manche Monotheisten gibt es nur Gott und Teufel. Für manche Esoteriker gibt es nur so etwas wie eine positive jenseitige Energie, das „Universum". Die Buddhisten verneinen die Existenz eines Schöpfergottes, verneinen aber nicht die Existenz von Göttern. Sie behaupten jedoch, auch diese müssen irgendwann vergehen.

Die Grundlehren der verschiedenen Religionen widersprechen sich auch in den nicht unwichtigen Behauptungen, was den Weg zur Erlösung, zur ewigen Glückseligkeit, betrifft. Viele Animisten glauben, der Stamm besitze ein Revier in einer Jenseitswelt. In dieses zu gelangen ist im Verhältnis zu den Anforderungen der Großreligionen relativ unproblematisch: Es ist nötig, einigermaßen die Regeln der Ahnen zu befolgen, aber wichtiger ist die Ausführung von Ritualen und Zeremonien, die den Verstorbenen auf dem Jenseitsweg begleiten. Im Animismus kennt man keine Erbsünde, keine ewige Verdammnis und keine Abhängigkeit von der unkalkulierbaren Gnade eines höchsten Chefs.

Für die verschiedenen christlichen Kirchen kommt nur ins Paradies, wer glaubt, dass Jesus Gottes Sohn war und für die Menschheit am Kreuz gestorben ist und, noch entscheidender, wer in der richtigen, das heißt der eigenen, Kirche ist. Alle anderen werden ewig im Höllenfeuer glühen. Nach dem Koran kommt ausdrücklich nur ins Paradies, wer Allah verehrt und seinem Gesandten Mohammed folgt.

Für die Inder stellt sich die Lage ganz anders dar: Sie glauben, der Mensch muss sich in vielen Leben die Befreiung vom Leid erarbeiten, immer weniger schlechte Taten begehen, immer mehr gutes Karma anhäufen, bis er quasi automatisch in eine Sphäre endgültiger Erlösung eingeht.

Welche dieser doch sehr unterschiedlichen Auffassungen ist nun die richtige? Nur eines ist sicher, alle können nicht wahr sein. Auch wenn es eine richtige Religion geben würde, wäre es, da es Abertausende von Religionen gibt, für einen Gläubigen unmöglich, sicher zu sein, ob er der richtigen anhängt.

Warum treibt die Unsicherheit in der Frage, welche Religion die wahre ist, die Gläubigen so wenig um? Einerseits glauben die meisten, es hängt von ihr das ewige Leben ab, andererseits nehmen sie es gleichgültig hin, dass es fundamental widersprüchliche Religionen und Lehren, wie das ewigen Lebens zu erreichen ist, gibt.

●●● Fazit: Dass nicht alle Religionen wahr sein können, da sich ihre Kernlehren auf unvereinbare Weise widersprechen, stellt einen fundamentalen Einwand gegenüber der Religion an sich dar. Die gewichtigsten Widersprüche sind die zwischen Polytheismus und Monotheismus und den verschiedenen Lehren über den Weg zur Erlösung. ●●●●●●●●●●●●●●●●●●●●●●●●●

8. Nur die Religion gibt Antwort auf die Frage, warum die Welt so ist, wie sie ist

●●● Behauptung: Das Universum, die Erde, die Natur und der menschliche Geist sind so wunderbar und geheimnisvoll, aber auch so zweckmäßig eingerichtet, dass sie nur von einem übermenschlichen Wesen geschaffen worden sein können; einem Architekten, welcher alle menschlichen Vorstellungen übersteigt. ●●●●●●●●●

Newton und der unerklärliche Grashalm

Der Philosoph Immanuel Kant (1724-1804) glaubte, es wird nie einen Newton des Grashalms geben. Für Kant und seine Zeitgenossen galt Isaac Newton (1642-1726) nicht nur als der Gründungsvater der Naturwissenschaften, sondern auch als der größte Wissenschaftler aller Zeiten.

Mit dem Satz, es werde nie einen Newton des Grashalms geben, meinte Kant, ein kleiner unscheinbarer Grashalm ist so kompliziert, dass es nie einen Menschen geben wird, der erklären kann, wie er entstanden ist, aus was er besteht, warum er wächst und vergeht.

Auch für einen kritischen Geist wie den schottischen Philosophen David Hume (1711-1776) machte die „Erkennbarkeit vernünftiger Naturgesetze … einen vernünftigen Urheber der Natur plausibel", verwiesen diese „auf eine höhere Zweckmäßigkeit".[24] Ein solches Fehlurteil war in der damaligen Zeit, am Beginn der modernen Wissenschaften, kaum zu vermeiden.

Mit der Vermutung, es werde nie einen Menschen geben, der einen „einfachen" Grashalm erklären kann, irrte Kant: Inzwischen wissen wir, aus was sich ein Grashalm zusammensetzt, warum er wächst und vergeht. Und was für den Grashalm gilt, gilt für unzählige andere Dinge, die zur Zeit Kants noch als ein Wunder galten. In den letzten 300 Jahren konnte die Wissenschaft ungeahnt viele Naturphänomene erklären und niemand weiß, wo die Grenzen der Erklärbarkeit liegen. Natürlich kann die Wissenschaft noch nicht alles erklären und vielleicht wird sie nie alles erklären können. Allein schon deshalb, weil die Welt sehr komplex ist und die Menschheit und damit die Wissenschaft nicht ewig existieren werden.

Gott als Erklärungslückenfüller

Selbst wenn wir ein Phänomen noch nicht zufriedenstellend auf natürliche Weise erklären können, selbst wenn es noch viele Erklärungslücken gibt, verlangt die wissenschaftliche Redlichkeit, die Lücke nicht sofort mit einer übernatürlichen Erklärung zu füllen. Religiöse Menschen tun das gerne, sie sehen überall Erklärungslücken und Wunder, für die es selbstverständlich nur eine Erklärung geben kann: Übernatürliches! Gott! Wenn wir uns ihre Erklärungslücken und

Wunder ansehen, handelt es sich meist um Geschehnisse, für die sie sich nicht wirklich um eine natürliche Erklärung bemüht haben; gerne auch um Gefühlsüberwältigungen, die für sie beweisen, dass Göttliches im Spiel sein muss. Oft werden Natur- und Musikerlebnisse oder die Geburt eines Kindes als göttliche Wunder interpretiert (aber nie der Tod eines Kindes). Gefühle sind gut und schön, doch sie mögen noch so überwältigend sein, letztlich beweisen sie immer nur ihre eigene Existenz.

Die Grundidee der Evolutionsbiologie

Die ungefähr 150 Jahre nach Newton entstehende Evolutionstheorie von Charles Darwin ermöglicht es, die meisten Phänomene der Natur, einschließlich ihrer Zweckmäßigkeit, auf einfache, plausible und natürliche Weise zu erklären. Ein Philosoph nannte die Grundidee Darwins die genialste Einzelidee der Menschheitsgeschichte. Sie sei es deswegen, weil keine so viel Erklärungswert besitzt wie sie, keine so viele Erscheinungen in der Natur, der menschlichen Gesellschaft und ihrer Kultur verständlich macht.

Mit der Grundidee Darwins lassen sich unter anderem folgende, sehr unterschiedliche, Fragen beantworten: Warum haben Giraffen lange Hälse? Warum macht Sex Spaß? Warum verbieten sich die Menschen diesen Spaß? Warum haben die Menschen, im Gegensatz zu den Tieren, Moral, Kultur und Kunst? Warum fühlen wir uns häufiger unglücklich als glücklich?

Die einfache Grundidee des englischen Pfarrersohns Charles Darwin (1809-1882), aus der sich auf alle diese Fragen Antworten ableiten lassen, lautet: Evolution durch Selektion, Entwicklung durch Auswahl.

Das Wort Evolution bedeutet langsame, allmähliche Entwicklung, im Gegensatz zur Revolution, die eine sprunghafte Entwicklung bezeichnet. Im Zusammenhang mit der lebendigen Natur meint Evolution: Alle Lebewesen, alle Pflanzen und Tiere, waren nicht fix und fertig da, weil sie etwa von Göttern geschaffen wurden, sondern haben sich allmählich von kleinsten Anfängen an entwickelt. Die kleinsten Anfänge waren die chemischen Grundelemente Kohlenstoff, Sauerstoff, Wasserstoff, Stickstoff, Schwefel und Phosphor, aus denen sich die fundamentalste Einheiten des Lebens, die Zellen, bildeten. Sie entwickelten sich auf unserem Planeten vor ungefähr vier Milliarden Jahren aus den genannten Grundelementen. In winzigen Schritten wuchs im Laufe dieser Milliarden von Jahren das Leben zu so großen Tieren wie den Dinosauriern heran und zu so intelligenten wie uns.

98 Prozent der Arten, die es auf diesem Planeten gegeben hat, sind ausgestorben. Wäre die Natur von Gott geschaffen worden, hätte er ziemlich gepfuscht, denn 98 Prozent „Ausschuss" ist keine gute Quote. Manche Arten sind wegen Naturkatastrophen ausgestorben, die meisten, weil sie Eigenschaften besaßen, die sich im Überlebenskampf nicht bewährten. Das meint die Rede von der Selektion, von der Auswahl. Aus diesem einfachen Grund verschwand fast alles Unzweckmäßige und deshalb braucht es für die Zweckmäßigkeit der Natur keinen Planer, keinen Architekten, keinen Gott, und damit ist sie auch kein Gottesbeweis, wie Thomas von Aquin glaubte.

Die Erklärung der Natur durch die Evolutionsbiologie bedeutet eine Umkehr der Erklärungsrichtung: weg von dem üblichen ziel- und zweckorientierten Erklärungsschema des Alltagsmenschen, hin zum zweckfreien und an Ursachen orientierten des wissenschaftlichen Menschen. An der Frage, warum Giraffen lange Hälse haben, können wir uns das klar machen: Die übliche zweckorientierte Erklärung lautet, Giraffen haben lange Hälse, damit sie die Blätter auf Bäumen mühelos erreichen können. Ein religiöser Mensch könnte hinzufügen, deshalb hat Gott den Giraffen lange Hälse geschaffen. Wenn ein Kind uns fragte, warum Giraffen lange Hälse haben, und wir diese zweckorientierte Antwort geben würden, wäre das Kind zufrieden.

Die Umkehrung der Erklärungsrichtung durch die Evolutionsbiologie lautet: Giraffen können Blätter auf den Bäumen mühelos erreichen, weil sie lange Hälse haben (sie haben sie nicht zu dem Zweck, mühelos Früchte zu erreichen.) Lange Hälse haben sie, weil sich bei der Fortpflanzung irgendeines Vorfahrenpaares ein Kopierfehler beim Erbgut ereignete, der zu einem langen Hals bei dem Kind dieses Paares führte. Die erste Langhalsgiraffe hatte den kleinen Vorteil, leichter an Nahrung zu gelangen als ihre Artgenossen. Dadurch lebte sie länger als ihre Artgenossen, dadurch hatte sie ein paar Nachkommen mehr. Diese besaßen ebenfalls lange Hälse. Im Laufe von Tausenden von Generationen, Evolutionsbiologen rechnen sogar mit Millionen von Generationen, überwogen bei weitem die Langhalsgiraffen; heute gibt es nur noch eine Kurzhalsgiraffe, das Okapi.

Veränderungen in der Natur entstehen in erster Linie durch Kopierfehler (Mutationen) des Erbgutes bei der Fortpflanzung. Die Träger, deren Kopierfehler einen Überlebensvorteil bieten, setzen sich durch.

Das zweckorientierte Denken haben die Menschen aber so verinnerlicht, dass auch Evolutionsbiologen ständig zweckorientiert sprechen, obwohl sie es gar nicht so meinen. Dadurch erwecken sie den Eindruck, als würde die Natur Zwecke verfolgen, als hätte ein Architekt einen Plan für sie entworfen. So sagen die Evolutionsbiologen, in der Natur gehe es letztlich um die Verbreitung der je eigenen Gene. Pflanzen entwickeln unangenehme Stoffe, damit sie nicht gefressen werden. Tierische Haremseroberer töten die Kinder ihrer Vorgänger, damit sie eigene Kinder zeugen können und die sich besser vermehren.

Tiere wissen aber nichts von Genen und auch nichts von Kinderzeugung. Pflanzen wissen nichts von Fressfeinden und der Erzeugung unangenehmer Stoffe, und der Natur sind die Gene völlig gleichgültig, weil es die Natur, als ein Wesen mit Bewusstsein, gar nicht gibt.

Löwen, welche die Kinder ihrer Vorgänger töteten, pflanzten sich einfach häufiger fort, irgendwann blieben nur noch Löwen mit dieser Eigenschaft übrig. Pflanzen, die durch Genmutation unangenehme Gerüche entwickelten, wie der Knoblauch, hatten weniger Fressfeinde, deshalb vermehrten sie sich zahlreicher.

Überall einen Zweck zu vermuten, eine Absicht hineinzudenken, war für den Menschen hilfreich, auch wenn die Vermutungen oft falsch waren (siehe Geister). Aus dem Blickwinkel der Evolutionsbiologie muss man aber sagen: Die Natur braucht keine Zwecke, nur das menschliche Zweckdenken denkt ununterbrochen Zwecke in die Natur hinein.

Die Evolutionstheorie bedeutet eine biologistische Sichtweise

●●● Behauptung: Die Evolutionstheorie betrachtet den Menschen und die Natur nur aus der Sichtweise der Biologie. Sie unterschlägt, dass der Mensch mehr als Körper und Fortpflanzung ist, dass er Geist hat, Geist ist und erst durch ihn eine sinnstiftende Dimension ins Dasein kommt. Nicht der Körper war zuerst, sondern der Geist und geistige Gesetze bestimmen den Gang des Universums. Der leibliche Mensch mag ein Geschöpf der Evolution sein, der geistige Mensch ist göttlichen Ursprung. ●●●●●●●●●●●●●●●●●●●●●●●●●●●●

Die katholische Kirche gestand nach ungefähr 150 Jahren Darwin zu, dass seine Evolutionsbiologie in ihren Grundzügen wohl richtig sei, schränkte jedoch ein: Der Mensch ist zwar ein Kind der Entwicklung der Natur, seinen Geist hat er aber von Gott erhalten.

Eine schwache Rückwärtsverteidigung von Seiten einer Kirche, die versucht, den kardinalen Fehler rückgängig zu machen, den sie mit dem Prozess gegen Galilei begangen hatte: die vollständige Abkoppelung von der Wissenschaft und damit von der weiteren Entwicklung der europäischen Gesellschaften. Viele protestantische Kirchen in den USA wiederholen gerade diesen Fehler, indem sie die Evolutionstheorie als unbiblisch verdammen. Die katholische Kirche dachte wohl, als sie der Evolutionsbiologie ihr Zugeständnis machte: Auch wenn uns die Wissenschaft den Körper entreißt, den Geist erhält sie nicht. Für die christlichen Kirchen ist jedes Wort in der Bibel zwar von Menschen geschrieben, aber vom „Heiligen Geist" „inspiriert". Der „Heilige Geist" ist Gott selbst, ein Aspekt seines Wesens. Die vom „Heiligen Geist" inspirierte biblische Schöpfungsgeschichte erzählt aber eindeutig, dass der Mensch fix und fertig von Gott geschaffen wurde, der Mann aus Lehm und die Frau aus seiner Rippe. Der Mensch, wie auch alle anderen Lebewesen, hat sich also nicht allmählich entwickelt.

Der Körper bildet das Fundament unserer Existenz, wahrscheinlich das ganze Haus. Ohne Körper keine Schmerzen, kein Wohlbefinden, keine Lust, keine Sorgen, Wünsche, Ängste usw. Der Körper wird von den Katholiken so hoch geschätzt, dass sie glauben, auch im Paradies wird die Seele von einem Körper umkleidet werden. Körper und mit ihm die Natur sind das Allerrealste, ob es Geist und geistige Gesetze gibt, ist höchst fraglich, denn auch unsere psychischen Aktivitäten können als Funktionen des Körpers verstanden werden. Unter den psychischen Aktivitäten verstehen wir die Empfindungen der Sinnesorgane, also Sehen, Hören, Riechen, Schmecken und Fühlen. Zu den psychischen Funktionen zählen aber auch Denken und Vorstellen, alles was wir meinen, wenn wir von Bewusstsein oder menschlichem Geist sprechen.

Was wir Bewusstsein oder Geist nennen, können wir in drei Bereiche unterteilen: Gefühle, Bilder und Gedanken. Alle drei Bereiche sind auf natürliche Weise zu erklären. So sind Gedanken Worte, ist Denken überwiegend ein stummes operieren mit Worten, aber auch mit Bildern und Gefühlen. Einen Geist außerhalb unseres Kopfes konnten wir bisher noch nicht ermitteln und einen Geist innerhalb unseres Kopf- es nur im Sinne von geistigen Tätigkeiten, wie dem Erinnern, Wünschen und Denken, nicht im Sinne eines Stoffes.[25]

Wer plausible natürliche Erklärungen mit dem Hinweis auf ungesicherte geistige Sphären und Gesetze ablehnt, ver- hält sich nicht klug. Er schneidet sich selbst von den frucht- barsten Möglichkeiten des Verstehens dieser Welt ab, die der Mensch bisher entdeckte. Er schneidet sich damit auch von den aussichtsreichsten Möglichkeiten ab, sie zu verbessern.

Biologische Erklärungen sind ein Teilbereich der natürli- chen Erklärungen, zu denen auch soziale und kulturelle ge- hören. Natürliche Erklärungen schließen keinen Geist aus, aber diejenigen, die geistige Gesetze und Einflüsse behaup- ten, müssen auch zeigen, dass es diesen Geist gibt.

Die Evolutionsbiologie widerlegt die Religion nicht grundsätzlich

Die Evolutionsbiologie beweist nicht und behauptet nicht, dass die Religion grundsätzlich falsch ist, dass es also keine übernatürlichen Wesen oder keinen Gott gibt. Diese Behaup- tung unterstellen ihr meist religiöse Menschen. Die Evoluti- onstheorie behauptet und beweist aber, dass die Schöpfungs- geschichten der Religionen falsch sind. Sie hilft auch, die Natur ohne Rückgriff auf übernatürliche Wesen zu erklären. Sie zeigt, dass es keinen Architekten und keinen Baumeister benötigt, um zu erklären, warum sie so zweckmäßig funktio- niert, obwohl sie keinen Zweck verfolgt.

Wohl die meisten religiösen Menschen, welche sich mit der Evolutionstheorie genauer beschäftigen, akzeptieren sie. Die Beweislast für ihre Richtigkeit ist zu erdrückend.

Theologen versuchen mit verschiedenen Theorien die Religion mit der Evolutionstheorie in Einklang zu bringen. So wurde die Theorie der andauernden Schöpfung (*creatio continua*) entwickelt, wonach Gott ständig die Welt schafft und in ihr wirkt. Eine Variante davon ist der Glaube, die Evolution sei der kreative Plan Gottes, mit der er ständig Verbesserungen an der Natur vornehme. Die „prozesstheologische" Theorie behauptet sogar, Gott evolviere selbst, sei selbst im Werden begriffen. Die Evolution sei die fortlaufende Schöpfung Gottes, durch die er sich selbst offenbare, so der Jesuitenpater Pierre Teilhard de Chardin (1881-1955).

Alle diese Theorien sind nichts als mehr oder minder wohlklingende Spekulationen.

●●● Fazit: Wir brauchen zur Erklärung der unbelebten wie der belebten Natur keine übernatürlichen Wesen, keinen Geist und keinen Gott. Die Naturwissenschaften reichen zu ihrer Erklärung aus. Mit Physik und Chemie lässt sich die unbelebte Natur erklären, mit Chemie und Biologie, besonders der Evolutionsbiologie, die belebte Natur. ●●●●●●●●●●●●●●●●●●●●●●●●●●●●●●

Auch wenn die Naturwissenschaften noch lange nicht alles erklärt haben, scheint es keine Erklärungsschranken zu geben, zu deren Überwindung übernatürliche Wesen nötig sind.

9. Schönheit kann nicht materialistisch erklärt werden[26]

●●● Behauptung: Das Ergriffenwerden von einem Kunstwerk oder der Schönheit und Erhabenheit der Natur kann nicht durch eine biologistische Sichtweise erklärt werden. Dass wir an Dingen ein interesseloses Wohlgefallen haben, widerspricht den Nützlichkeitserklärungen des biologistischen Denkens, das alle Phänomene des Lebens auf seine Überlebensvorteile reduziert. Das Schönheitsempfinden ist ein starkes Indiz für die Existenz Gottes oder von Geist. Es scheint ein Geschenk zu sein, welches uns das Wunder der Schöpfung offenbaren soll. ●●●●●●●●●●●●●●●●●●●●●●●●●●●●●

Die Lehre von der Schönheit wird Ästhetik genannt, vom griechischen Wort *aisthesis*, welches *wahrnehmen* bedeutet. Der Mensch nimmt manche Dinge als schön und manche als hässlich wahr. Die Tiere vermutlich nicht. Was nehmen wir als schön wahr, was als hässlich und warum?

Als schön nehmen wir eine saftige grüne Wiese und einen grünen Wald wahr. Als schön nehmen wir eine Frau mit langen glänzenden Haaren, reiner Haut und einem ebenmäßigen Gesicht wahr. Eine vertrocknete Wiese mit aufgesprungener Erde und einen Wald mit verdorrten Bäumen nehmen wir nicht als schön wahr. Eine Frau mit stumpfem Haar, unreiner Haut und ungleichmäßigen Gesichtszügen ebenfalls nicht.

Kleider aus teuren Stoffen und Schmuck aus edlen Materialien empfinden wir eher als schön als Kleider und Schmuck aus billigen Materialien. Bilder, in denen kostbare Gegenstände und hoch stehende Personen dargestellt werden, empfinden wir eher als schön als Bilder, die ärmliche Verhältnisse zeigen. Eine fröhliche Musik empfinden wir eher als schön, wenn wir selbst fröhlich sind, eine traurige empfinden wir eher als schön, wenn wir auch traurig sind. Wir könnten die Liste lange fortsetzen.

Warum empfinden die meisten Menschen entsprechend unserer Liste? Die Evolutionsbiologie behauptet, wir empfinden als schön, was angenehme Gefühle hervorruft. Eine grüne Wiese und ein grüner Wald riefen bei unseren Vorfahren angenehme Gefühle hervor, weil sie Nahrung und damit das Gefühl der Sättigung versprachen, wohingegen eine verdorrte Landschaft Hunger verhieß. Entsprechend weckt ein gefüllter Kühlschrank Behagen, ein leerer Unbehagen. Glänzende lange Haare und reines, ebenmäßiges Gesicht bedeuteten, diese Frau ist gesund und wohlgenährt, sie wird gesunde Kinder gebären. Eine Frau mit stumpfem Haar, unreiner Haut und ungleichmäßigem Gesicht wirkt krank, sie wird wahrscheinlich keine gesunden Kinder gebären. Kostbare Dinge signalisieren einen hohen sozialen Status. Ein solcher birgt viele Annehmlichkeiten, mehr materiellen Besitz, mehr Anerkennung, größere Überlebens- und Reproduktionschancen. Das ist der Grund, warum Kunst aus Müll wenig Anklang findet. Sie muss mit anderen Eigenschaften, zum Beispiel Innovation, signalisieren, dass sie die Zugehörigkeit zu einer Gruppe mit einem besonderen Status, einer Avantgarde, bedeutet.

Auch die Phänomene des Majestätischen und Erhabenen haben ihren Ursprung im sozialen Rang und der mit ihr verbundenen Macht. Ein Bergmassiv, der Sternenhimmel, ein gewaltiger Bau, alles erhaben Überwältigende verbindet sich mit hohem Rang, großer Macht und damit mit Reproduktionserfolg.

Als angenehm empfinden wir es, wenn Unangenehmes auf eine Weise formuliert wird, dass wir es zulassen können, es besser verstehen, vielleicht sogar besser verarbeiten können. Deshalb berührt uns traurige Musik mehr, wenn wir traurig sind. Jede Kunst, die unsere Gefühle, Wünsche und Gedanken artikuliert, empfinden wir als schön (aber nicht alles, was schön ist, muss Kunst sein). Auch Kunst, die uns mit unseren Mitmenschen verbindet, empfinden wir als schön. Das ist ein wichtiger Grund, warum wir in Konzerte gehen. Verbundenheit mit Mitmenschen befriedigt unser Bedürfnis nach Geborgenheit und vermittelt ein Machtgefühl. Auch Prunk ist ein Zeichen von Macht. Deshalb empfinden wir bestimmte Formen der Macht und des Prunkes als schön, als erhaben, erhebend und als angenehm.

Oft finden wir uns auch von Gestaltungen des „Negativen", wie Schmerzen, Ängsten, Katastrophen und Tod angezogen. Die Konfrontation mit dem in der Regel Verdrängten fordert uns heraus und kann heilsam wirken. Weil uns sehr vieles angenehm berührt und fasziniert, sind Schönheit und Kunst so ein weites Feld.

Dass wir Angenehmes und Schönes miteinander verbinden, können wir auch an unserem Sprachgebrauch ersehen, wir nennen angenehme Situationen auch schöne Situationen. Von *angenehm* zu *schön* konnte nur ein Wesen mit Sprache übergehen. Mit der Zeit entwickelte sich *Schönes* zu der eigenen Sphäre der *Schönheit*.

Das Schönheitsempfinden ging im Laufe der sich ausdifferenzierenden Gesellschaften komplizierte Wege und die evolutionären Gründe sind oft nur noch schwer zu erkennen. Aber auch hinter scheinbar interesselosem Wohlgefallen verbergen sich Annehmlichkeiten, die ihren Ursprung im Überlebensnutzen haben. Die Orientierung an Schönheit, auch in Form der Kunst, war ein wichtiger Evolutionsvorteil des Menschen. Dadurch wählte er Dinge, Partner und soziale Gruppen aus, welche besondere Vorteile boten und damit seine Überlebenschancen erhöhten. So kalt und nüchtern der evolutionäre Blick auf die Ästhetik wirkt, er entwertet damit die Kunst, die besondere Form, nicht im Geringsten.

●●● Fazit: Aus der Sicht der Evolutionsbiologie empfinden wir als angenehm, was für unser Überleben als Person und das unseres Erbgutes von Vorteil ist. Was wir als angenehm empfinden, empfinden wir auch als schön. Das Schönheitsempfinden bot einen wichtigen Selektionsvorteil, deshalb wurde es in allen Kulturen tradiert. Die Evolutionsbiologie kann also das Schöne und die Kunst ohne Rückgriff auf übernatürliche Wesen oder einen Geist plausibel erklären. ●●●●●●●●●●●●●●●●●●

10. Ohne die Religion gäbe es keine Werte und keine Moral

●●● Behauptung: Erst durch die Religion sind moralische Werte in die Welt gekommen und nur durch sie können sie begründet und durchgesetzt werden. Ohne Strafandrohung durch jenseitige Wesen würden sich die Menschen in den meisten Fällen nicht an die moralischen Gebote halten. Ohne Religion würden Mord und Totschlag, würde Anarchie unter den Menschen herrschen. ●●●●●●●●●●●●●●●●●●●●●●●●●●●●●●

Dieses Argument ist auf jeden Fall keines, welches für die Wahrheit der Religion spricht. Auch wenn es richtig wäre, würde es nur für ihre Nützlichkeit sprechen.

Was Moral ist

Die Moral fußt auf der Unterscheidung zwischen guten und bösen Absichten oder Handlungen. Das moralische Gegensatzpaar heißt gut und böse, nicht gut und schlecht. *Böse* meint ein Verhalten, bei dem wir anderen *willentlich* Schaden zufügen oder ihnen unsere Hilfe verweigern. Die Moral einer Gesellschaft gibt uns an, was für Handlungen sie für gut und was für Handlungen sie für böse definiert. Die Handlungen können als Gebote oder Verbote formuliert sein.

Die moralischen Kerngebote sind das Lügenverbot, das Diebstahlverbot, das Tötungsverbot, das Gebot, Versprechen zu halten und Menschen in Notsituationen zu helfen.

Wie einzigartig ist die christliche Moral?

Viele religiöse Menschen glauben, ihre moralischen Gebote gebe es nur in ihrer Religion. Dem ist nicht so: Alle Völker haben moralische Gebote und bei allen sind es dieselben. Zumindest was die Kerngebote betrifft. Dass diese Gebote ursprünglich nur für die eigene Gruppe galten, erklärt, warum die Menschen nicht in moralische Konflikte gerieten, wenn sie gegenüber Menschen anderer Gruppen diese Gebote missachteten, sie zum Beispiel belogen, beraubten oder töteten.

Wir spüren den Gruppencharakter der archaischen Moral noch heute: Haben wir uns gegenüber einem Freund unmoralisch verhalten, ihn etwa belogen oder übervorteilt, verursacht uns das mehr Gewissensbisse, als wenn wir uns gegenüber einen Fremden auf diese Weisen verhalten hätten. Heute gilt uns ein Gruppenverständnis der Moral für ein Zeichen fehlender moralischer Reife. Wer sich nur gegenüber den Mitgliedern der eigenen Gruppe moralisch verhält, verhält sich in unseren Augen überhaupt nicht moralisch. Die moralischen Gebote sollen für alle Menschen gelten, unabhängig von Gruppenzugehörigkeit, Nationalität, Hautfarbe, sozialem Status usw.

Unter den Menschen herrscht keine Uneinigkeit über die Notwendigkeit der moralischen Kerngebote, Uneinigkeit herrscht darüber, wie sie sanktioniert werden sollen und wie sie zu begründen sind. Es gibt interne und externe Versuche, Moral zu begründen. Die Vertreter interner Moralbegründungen meinen, die moralischen Gesetze sind vom Menschen gemacht und müssen auch von ihm begründet werden. Die Vertreter externer Begründungen meinen, moralische Gebote stammen von göttlichen Wesen und für ihre Übertretung müssen wir uns auch vor ihnen verantworten.

Moralisches Empfinden als Gottesbeweis

●●● Behauptung: Ein schlechtes Gewissen kennt jeder Mensch, gleichgültig aus welcher der vielen unterschiedlichen Kulturen mit ihren unterschiedlichen Werten er stammt. Das zeigt, dass das schlechte Gewissen und mit ihm die Moral außermenschlichen Ursprungs sein müssen. ●●●●●●●●●●●●●●●●●●●●●●●●●●●●●●

Manchmal werden wir stark von moralischen Empfindungen ergriffen, so quälen uns Schuldgefühle oder es beglückt uns, dass wir jemandem geholfen haben. Aber es fällt uns schwer, den Ursprung dieser Empfindungen zu erklären. Das stärkt bei vielen Menschen die Überzeugung, dass Moral einen nichtmenschlichen Ursprung haben muss. Wer sowieso gerne Gott als Ursache für alles Gute und Schöne sehen will, macht sich auch keine große Mühe, nach nichtgöttlichen, nach natürlichen Ursachen zu suchen.

Die Entstehung der Moral

Bei allen Völkern, wie klein oder groß auch immer, finden sich die genannten moralischen Kerngebote. Wie Untersuchungen gezeigt haben, teilen die Menschen sogar bei manchen subtileren moralischen Problemen die gleichen Intuitionen. So meinen ungefähr 85 Prozent der Menschen, gleichgültig welchem Kulturkreis sie angehören, es sei gerechtfertigt in Kauf zu nehmen, dass ein unschuldiger Mensch umkommt, wenn dadurch das Leben von fünf Menschen gerettet wird. Genauso viele lehnen es aber ab, dass ein unschuldiger Mensch *vorsätzlich* getötet wird, um fünf Menschen das Leben zu retten.[27] Diese Bewertung teilen Ethikprofessoren und Amazonasindianer.

Wie ist das zu erklären? Für die Evolutionsbiologie liegt der Ursprung der Moral in dem Nutzen ihrer Gebote für das Überleben. Deshalb findet man Ansätze von moralischem Verhalten auch schon bei manchen Tieren. Vermutlich sind die moralischen Gebote älter als die Religion, zumindest das instinktive Verhalten nach ihnen. Die Gebote funktionieren nach dem Motto: wie du mir, so ich dir: Wenn du mich nicht belügst, belüge ich dich nicht. Wenn du mir in der Not hilfst, helfe ich dir usw. Dass die Kerngebote der Moral in dieser Verhaltensstrategie wurzeln, dafür spricht auch, dass wir im Alltag Moral meist mit der sogenannten Goldenen Regel begründen: Was du nicht willst, das man dir tu', das füg' auch keinem anderen zu.

Fundamental für ein einigermaßen vertrauensvolles Miteinander ist der Schutz des eigenen Lebens durch das Tötungsverbot und bei größeren Gemeinschaften der Schutz des Eigentums durch das Diebstahlverbot. Dass die Überlebenschancen der Menschen, die sich diesen Regeln entsprechend verhielten, wesentlich größer waren als die Chancen derjenigen, die Konflikte in erster Linie mit Gewalt austrugen, liegt auf der Hand. Die Chance, bei einer gewalttätigen Konfliktregelung getötet zu werden, ist wesentlich höher als bei einer friedfertigen.

Auch das schlechte Gewissen barg einen Überlebensvorteil: Es motivierte Gebotsverstöße selbst anzuzeigen, was das Strafmaß senkte. Die Erfahrung des schlechten Gewissens minderte zukünftige Übertretungen, was Strafen abwendete. Das schlechte Gewissen verringerte auch die Zahl der Trittbrettfahrer, Menschen, welche die Vorteile eines Systems der Zusammenarbeit nutzen, aber die Kosten nicht tragen wollten. Evolutionspsychologen konnten nachweisen, dass die menschliche Intelligenz vor allem eine soziale Intelligenz ist: Unser Wahrnehmungs-, Erkenntnis- und Denkapparat ist besonders dafür eingerichtet, soziale Einseitigkeiten aufzuspüren, eine ungerechte Verteilung von Gütern wahrzunehmen. [28]

Die soziale Natur des Menschen als Grundlage der Moral

Weil der Mensch nur mit der Hilfe anderer überleben kann, ist er ein Herdentier und deshalb ist es ihm sehr wichtig, was die anderen von ihm denken. In der Abhängigkeit von den anderen findet sich der Ursprung des Gewissens, des Über-Ichs. Die anderen, das sind zuerst einmal die Eltern, dann die Familie, dann der Stamm (im Grunde eine Großfamilie) und schließlich die Geister, von deren Wohl und Wehe das Überleben aller abzuhängen schien.

Die Angst vor einer moralischen Anarchie, wenn übernatürliche Wesen als Strafdrohung entfallen, ist also völlig unbegründet. Ob er will oder nicht, der Mensch hat die anderen als Richter in sich, muss sich ihnen innerlich gegenüber verantworten, sonst „verliert er sein Gesicht". Es brauchte keine Götter, die für das schlechte Gewissen bei Regelverstößen sorgten, es genügte der missbilligende Blick der anderen. Es brauchte aber Strafen, damit die moralischen Gebote zuverlässiger eingehalten wurden. Menschen, welche auch noch mit jenseitigen Strafen rechneten, verhielten sich vermutlich ein bisschen regelorientierter und kooperativer, hatten damit ein bisschen größere Überlebensvorteile und pflanzten sich deshalb häufiger fort als Menschen, die nicht mit solchen Strafen rechneten.

Allerdings wissen wir nur zu gut, dass Androhungen von Jenseitsstrafen nur begrenzt abschrecken, die grausame Geschichte der Menschheit beweist das zur Genüge. Immer wenn die Gewinnaussichten zu gut sind oder der Bauch zu leer ist, „vergisst" der Mensch die Moral.

Die Verbrechen der Atheisten

●●● Behauptung: Die größten Verbrechen in der Geschichte der Menschheit wurden von den atheistischen Nazis und den Kommunisten begangen. Die Zahl ihrer Opfer liegt über 100 Millionen. Das beweist eindrücklich, dass für den Menschen religiös fundierte Moral unabdingbar ist, dass er ohne sie jedes Maß verliert. ●●●

Die Nazis waren ausdrücklich keine Atheisten, das waren für sie die „Judäo-Bolschewisten", wie sie die Kommunisten nannten. Über 80 Prozent der Mitglieder der NSDAP waren Christen, der Rest hing esoterischen Germanenkulten an. Hitler war zeitlebens Katholik, er trat nie aus der Kirche aus. Sie hielt für ihn sogar heimlich eine Totenmesse ab. *Mein Kampf* kam auch nie auf den Index der katholischen Kirche, auf die Liste der für Gläubige verbotenen Bücher. Kommunisten wurden exkommuniziert, aus der Kirche ausgeschlossen; Nazis nicht, nicht einmal KZ-Kommandanten.

Faschismus (Nationalsozialismus) und Stalinismus (Kommunismus) waren politische Religionen. Die übergroße Mehrzahl ihrer Anhänger dachte und handelte in religiös-autoritären Strukturen. Beide Systeme besaßen heilige Bücher: Die Faschisten *Mein Kampf*, die Stalinisten die Werke von Marx, Engels, Lenin und Stalin. Beide Systeme besaßen Götter; manche von ihnen verfassten die „heiligen" Bücher. Faschistische Götter waren Hitler, Mussolini, Franco und der Tenno, der japanische Kaiser. Kommunistische Götter waren Stalin, Mao, Marx, Engels und Lenin. Beide Systeme besaßen Kirchenoberhäupter, so Hitler und Stalin. In beiden Systemen gab es ritualisierte Heiligenverehrung und Prozessionen in Form von Umzügen und Aufmärschen. In beiden Systemen wurden große Messen gefeiert, nämlich die Parteitage. Die Gläubigen wurden von einem Vatikan aus regiert, dem Führerhauptquartier beziehungsweise dem Zentralkomitee. Ihre Verlautbarungen waren sakrosankt, unantastbar.

Die Angaben über die Zahl der Kriege und der Toten in der bisherigen Menschheitsgeschichte schwanken stark. Laut Wikipedia, Stichwort Krieg, haben „in der historisch belegten Menschheitsgeschichte knapp 14.000 Kriege stattgefunden, denen ungefähr 3,5 Milliarden Menschen zum Opfer gefallen sind". Die Wikipedia-Eintragung beruft sich auf eine Veröffentlichung der Universität Oxford aus dem Jahre 2008. Andere Zahlen nennen „nur" 1200 Kriege mit „nur" 1,25 Milliarden Toten. Bis auf wenige Ausnahmen waren in der Geschichte der Menschheit alle Menschen religiös. Dass Religion die Menschen vor unmoralischen, grausamen und leidbringenden Handlungen bewahrte, kann man also wirklich nicht behaupten.

Nach unserer Erklärung der Entstehung der Moral ist jedoch klar, dass es keine prinzipiellen Unterschiede zwischen religiösen und nichtreligiösen Menschen in Bezug auf die moralischen *Kerneinstellungen* geben kann. Die Einhaltung der moralischen Gebote scheint wenig bis gar nicht an den weltanschaulichen Hintergrund der Menschen gebunden. Große Macht und großer Reichtum sind zu verlockend, nicht einmal die Androhung von ewiger Folter schreckt die Menschen davon ab, sie sich mit unmoralischen Mitteln anzueignen. Gemeinschaften müssen durch eine kluge Gewaltenteilung diktatorische Gelüste in Schach halten. In demokratischen Staaten sind deshalb die gesetzgebende, regierende und rechtsprechende Gewalt getrennt und nicht in der Hand einer Zentralgewalt. In feudalistischen Staaten waren sie wenig bis gar nicht getrennt. In religiösen und politischen Diktaturen waren und sind sie es überhaupt nicht oder nur zum Schein. Die Kommunisten glaubten auf eine Gewaltenteilung verzichten zu können. Da die Partei des Proletariats regierte, regierte ja die Vertretung der großen Mehrheit des Volkes. Das erleichterte den kommunistischen Parteiführern, Alleinherrscher zu werden und ihre Alphatierseite auszuleben. Bei den großen Gesellschaften des 20. Jahrhunderts und ihren bis dahin nicht gekannten technischen und organisatorischen Möglichkeiten führte der Wille zur Alleinherrschaft zu humanen Katastrophen in nie dagewesenem Ausmaß.

Religiöse und nichtreligiöse Menschen haben allerdings in vielen gesellschaftlichen Bereichen, die wir als moralische bezeichnen, unterschiedliche Einstellungen und Werte. So befürworten wesentlich mehr religiöse Menschen die Todesstrafe, sind häufiger für das Verbot der Abtreibung und der gleichgeschlechtlichen Liebe. Religiöse Menschen sind eher autoritärer und intoleranter. Sie befürworten deshalb auch härtere Sanktionen bei Verletzung der Kerngebote.[29]

Die Freiheiten, die heute auch religiöse Menschen genießen und die sie immer häufiger zu dem Versuch nutzen, sie wieder rückgängig zu machen, verdanken sie dem Kampf gegen die Macht der Kirchen und der Feudalherren. Sie verdanken sie den philosophischen und politischen Aufklärern des 17. und 18. Jahrhunderts, dem liberalen Bürgertum und der Arbeiterbewegung des 19. Jahrhunderts. Sie drängten die Macht der „Pfaffen" und des Adels zurück.

Ganz im Sinne unserer Behauptung, dass die Großreligionen ihren Ursprung in feudalen Herrschaftssystemen haben und ihre religiösen Lehren diese Systeme widerspiegeln, galt noch für Papst Pius IX., Papst von 1846 bis 1878, die Monarchie als gottgewollte Ordnung, 1874 verbot er italienischen Katholiken die Teilnahme an demokratischen Wahlen.

1869/70, beim Ersten Vatikanischen Konzil, verkündete er die *Unfehlbarkeit* des Papstes. Für diesen unfehlbaren Menschen waren Religions-, Meinungs- und Gewissensfreiheit ausdrücklich widerchristlich! Wir würden heute sagen, das sind zutiefst unmoralische und unmenschliche Einstellungen. Die Kirche dieser Päpste gebärdet sich heute als die Erfinderin der Menschenrechte und oberste Autorität in moralischen Fragen. Papst Johannes Paul II. sprach Pius IX. selig, im Jahr 2000.

Zerstört Gott die Moralbegründung?

Die Behauptung, Moral bedürfe der Religion, geht für viele Moralphilosophen an der Sache der Moral vorbei: Wer nur aus Angst vor Strafe die moralischen Gebote befolgt, verhält sich, in den Augen dieser Philosophen, gerade nicht moralisch. Für sie steht die Moral über jeder Religion. Dass diese Meinung nicht so abwegig ist, können wir uns an folgender Überlegung klar machen: Was wäre, wenn Gott die moralischen Gebote ändern würde, wenn er uns etwa stehlen, lügen und morden befehlen würde? Für den Philosophen Immanuel Kant (1724-1804) lautete die Antwort: Dann dürften wir ihm nicht gehorchen. Im Sinne Kants meint der zeitgenössische Philosoph Peter Fischer, „nicht der religiöse Mensch ist die Sittenregel, sondern die Vernunft gibt sie vor". Auch der Gläubige muss sich den „Moralgeboten der Vernunft unterwerfen".[30] Die Verbindlichkeit der Moral beruht auf

Einsicht, nicht auf Gehorsam. Auf der Einsicht, dass ein Zusammenleben nach moralischen Regeln wesentlich besser ist als ein Zusammenleben ohne solche Regeln. Und wenn man will: Auf der Erfahrung, dass erst die Moral dem Menschen Würde verleiht.

Unsere Antwort auf die Vorstellung, ohne Religion gäbe es keine Werte und Moral, lautet also:

●●● Fazit: Die Entstehung der Moral benötigte nicht die Religion, es genügte der Überlebensvorteil, den sie bot. Die Einhaltung der moralischen Gebote wurde durch religiöse Strafandrohungen wahrscheinlich leicht erhöht, verhinderte aber bei weitem nicht ihre Übertretung. Wichtig für die Einhaltung waren und sind das soziale Gewissen, gerechte soziale Verhältnisse, vernünftige Einsicht und auch Sanktionen. ●●●●●●●●●●●●●●

11. Nur die Religion gibt dem Leben einen Sinn

●●● Behauptung: Der Atheismus zerstört das Obdach des Menschen, verurteilt ihn zum Nihilismus. Ohne die Religion sind alle menschlichen Anstrengungen sinnlos, weil der Vergänglichkeit unterworfen. Nur die Religion kann dem Leben einen Sinn geben, denn nur sie weist über dieses Leben hinaus. Atheisten sind Nihilisten, sie glauben nicht an ein Leben nach dem Tod. Der Sturz ins Nichts versetzt sie in Angst und Schrecken, deshalb kann der Nihilist kein gelassenes Leben führen. Der Gläubige weiß um den Lohn des paradiesischen Jenseits, er kann gelassen leben und sterben. ●●●●●●●●●●●●●●●●

Die Religion nimmt dem Tod seinen Stachel

Ohne Tod gäbe es keine Religion, meinte der Philosoph Arthur Schopenhauer (1788-1860). Der Mensch ist das einzige Tier, welches immer um seine Sterblichkeit weiß. Tiere erahnen oder erspüren den Tod erst, wenn sie in Todesgefahr sind. Das erlaubt es ihnen, in der Gegenwart zu leben. Die Religion ist sicher auch eine Antwort des Menschen auf das Todeswissen. Denn Schopenhauers Diktum, ohne Tod gäbe es keine Religion, ist sehr plausibel. Ohne Tod gäbe es keine Angst und keinen Grund, *unsterbliche* Seelen und *ewige* Jagdgründe zu erfinden.

Manfred Lütz beschwört in seinem Gottes-Buch ungezählte Male das Schreckensszenario eines Sturzes ins Nichts herauf. Dass sich die Mehrheit der Christen angstfrei und hoffnungsvoll aufs Sterbebett legt, ist aber mehr als zweifelhaft. Obwohl die Kirchen heute überwiegend erzählen, was die Menschen hören wollen, wozu nicht die ewige Höllenfolter gehört, lässt die Angst vor dem, was nach dem Tod kommt, wohl bei kaum einem Sterbenden erwartungsvolle Freude aufkommen.

Das Schreckensszenario, welches Lütz beschwört, beim Sterben ins Nichts zu stürzen, ist aber böswillig und dumm. Wenn es kein Weiterleben nach dem Tod gibt, bedeutet sterben nichts anderes wie einschlafen. Niemand fürchtet beim Einschlafen, in ein Nichts zu stürzen, und wir erleben so etwas auch nicht. Einfach weil es kein Bewusstsein vom Einschlafen und vom Tiefschlaf gibt. Genauso wenig kann es beim Sterben einen „Sturz ins Nichts" geben oder gar ein Bewusstsein davon, im Nichts zu sein.

Der Sinn der Sinnfrage

Worin besteht für die Religion der Sinn des Lebens? Für die monotheistischen Religionen besteht der Sinn des Lebens darin, Gott zu dienen. Als Lohn für diesen Dienst winkt das ewige Paradies.

Religiöse Menschen bilden sich oft ein, sie hätten ihr Leben an etwas Höherem orientiert, sie seien spirituell, keine simplen Materialisten. Das angeblich Höhere entpuppt sich bei näherem Hinsehen als der größtmögliche Egoismus, denn mehr Egoismus als ein ewiges sorgenfreies Leben geht nicht.

Die Frage nach dem Lebenssinn krankt an mindestens zwei Unterstellungen: 1. Sie unterstellt, das Leben habe einen und nur einen Sinn. 2. Der Sinn ist vorgegeben, aber verborgen, wir müssen ihn suchen wie den Heiligen Gral. Die Lebenssinnfrage krankt auch noch daran, dass es unklar ist, was das Wort Sinn in Bezug auf das Leben eigentlich bedeuten soll.

Eine Möglichkeit: Wenn wir nach dem Sinn des Lebens fragen, fragen wir nach seinem Zweck. So wie die Arbeit eines Tischlers den Zweck hat, ein Möbelstück herzustellen oder wie eine Reise den Zweck haben kann, ein Ziel zu erreichen. Wir wollen aus verschiedenen Gründen, dass das Leben auch so einen Zweck, so ein Ziel hat. Aber warum sollte nicht die Reise selbst der Zweck sein, der Weg das Ziel?

Logisch betrachtet ist die Sinnfrage sinnlos, denn sie läuft auf einen sogenannten unendlichen Regress hinaus. Das heißt, es kann auf sie keine letzte Antwort geben, denn bei jeder Antwort lässt sich die Frage erneut stellen. Was wäre beispielsweise der Sinn des Gehorsams oder der Sinn ewiger Freuden oder eben des ewigen Lebens?

Was das Leben sinnvoll macht

Die Sinnfrage stellen wir nicht wegen Glaubenszweifeln, wir stellen sie, wenn sich unsere größeren Wünsche, unsere Lebensziele nicht zu erfüllen scheinen. Wenn unser Leben einen ganz anderen Verlauf nimmt als projektiert, wenn eine langjährige Partnerschaft zerbricht, unsere beruflichen Pläne scheitern, wir von einer schweren Krankheit heimgesucht werden und ähnlich einschneidende Ereignisse eintreten.

Dann fragen wir, was hat das alles für einen Sinn? Für was soll das eigentlich gut sein? Dann messen wir vielleicht vorher unproblematische Tätigkeiten am Maßstab der Ewigkeit. Da die Ewigkeit aber maßlos ist, lässt sich an ihr eigentlich nichts messen.

Bhagwan soll einmal gesagt haben, „wer verliebt ist, fragt nicht nach dem Sinn des Lebens". Das ist richtig, aber warum? Verliebte fragen nicht nach dem Sinn des Lebens, weil sie glücklich sind. Die Liebe hat einen intrinsischen Wert, wie die Philosophen sagen. Das bedeutet, sie hat ihren Wert in sich, sie muss nicht noch für etwas anderes gut sein. Genauso wie Lust intrinsisch ist, auch sie genügt sich selbst, muss nicht noch für etwas anderes gut sein. Auch Nächstenhilfe kann eine intrinsische Tätigkeit sein, sie wird aber entwertet, wenn sie auf eine Belohnung im Jenseits spekuliert.

Das Gleiche können wir vom Leben an sich sagen. Das heißt, das Leben hat zuallererst den Sinn, es zu erleben, auch ein ewiges Leben könnte nur diesen Sinn haben. Und natürlich sind uns angenehme Erlebnisse lieber als unangenehme. Nehmen die unangenehmen Erlebnisse unerträglich zu, sprechen wir dem Leben den Sinn ab. Das bedeutet: Je mehr Aufgaben wir finden, deren Erfüllung uns befriedigt, als desto angenehmer und sinnvoller empfinden wir unser Leben.

Grob gesagt sind es ein halbes Dutzend Güter, die uns langfristig zufrieden oder glücklich machen, die unserer Psyche den Eindruck vermitteln, dass wir Richtiges, Sinnvolles tun: 1. Eine gewisse materielle Sicherheit. 2. Eine körperliche Verfassung, welche keine permanenten Schmerzen beinhaltet. 3. Sex und Kinder. 4. Soziales Ansehen. 5. Die Geborgenheit einer Gruppe/Familie. 6.Tätigkeiten, die unseren Fähigkeiten entsprechen.

Da nur wenige Menschen über alle diese Güter verfügen, gibt es nur wenige Menschen, die „rundum" glücklich und zufrieden sind. Deshalb brauchen Menschen psychische Hilfen. Religion ist eine solche, aber eine zwiespältige.

Wie glücklich sind Atheisten?

Menschen, die den religiösen Glauben überwunden haben, leiden nicht an einem Sinndefizit, sie fühlen sich vor allem freier. Sie werden nicht mehr pausenlos beobachtet, ihre Gedanken werden nicht mehr mitgehört, sie müssen nicht ständig vor einem übernatürlichen Wesen Rechenschaft ablegen. Was ohne Religion fehlt, ist der Kampf um ein ewiges paradiesisches Leben und die Angst, diesen Kampf zu verlieren.

●●● Fazit: Es kann keinen Sinn des Lebens geben, es kann nur ein befriedigendes, gutes oder erfülltes Leben geben. Weder ewiger Dienst an einem Herrn noch ein ewiges Leben im Paradies verleihen einer Existenz Sinn. Noch dazu spricht alles dafür, dass an ihnen kein Körnchen Wahrheit ist. Diese religiösen Überzeugungen behinderten in der Vergangenheit sehr stark die Arbeit an einem besseren Diesseits und trugen damit zu unnötig viel Leid bei. ●●●●●●●●●●●●●●●●●●●●●●●●●●

12. Der Glaube hilft bei seelischer und geistiger Not

●●● Behauptung: Der Glaube an höhere Wesen hat dem Menschen immer geholfen, schwere Zeiten zu überstehen, Zeiten materieller und seelischer Not, Einsamkeit und Todesangst. Der Glaube an die Hilfe höherer Wesen gibt dem Menschen Kraft und Zuversicht, ohne ihn gleicht er einem kleinen Schiff auf stürmischer See. ●●●●●●●●●●●●●●●●●●●●●●●●●●●●●

Für das Hilfeargument gilt das gleiche wie für das moralische Argument: Selbst wenn der Glaube an übernatürliche Wesen helfen würde, würde dies nicht die Wahrheit, sondern nur die Nützlichkeit der Religion beweisen.

Religion spendet Trost und Zuversicht

Psychotherapie bedeutet wörtlich Seelenheilung. Mit Seele, griechisch Psyche, meint man in der Psychologie das Netz der Gefühle. Die Existenz einer Seele im religiösen Sinn, als eines Dinges, welches den Tod überlebt, ist mit *Seele* oder *Psyche* nicht gemeint.

Religion besaß immer eine psychotherapeutische Funktion, sie sollte immer auch die Seele, im Sinne eines Gefühlsnetzes, heilen. Schon für David Hume (1711-1776) diente Religion der Aufrechterhaltung des psychischen Gleichgewichts und damit der Handlungsfähigkeit des Menschen. Religion gewährt auch Trost, weil sie es ermöglicht, die Mächte des Zufalls, des blinden Schicksals, sinnstiftend zu deuten. Nichts ist ja einfacher, als in ein negatives Ereignis beruhigenden Sinn hineinzuinterpretieren.

Trost und Zuversicht zu spenden, war sicher auch einer der großen evolutionären Vorteile der Religion. Ein Vorteil, der im Kampf ums Überleben gerade für ein Wesen schwer wog, das immer um seinen Tod wusste.

Es ist gerechtfertigt, die Religion als ein großes Psychounternehmen, eine große Psychokiste zu bezeichnen, weil keine ihrer Behauptungen belegbar ist. Damit meine ich, dass die Religion nicht auf etwas außerhalb der Psyche verweisen kann, nicht auf etwas in der Welt, was ihre „Glaubenswahrheiten" rechtfertigt; im Gegensatz zu allen anderen Weltbildern und den Wissenschaften. Religion beschäftigt sich nicht wirklich mit transzendenten Welten oder Wesen, mit Geistern, Götter, Gott usw., sondern sie benutzt Spekulationen über sie, um den psychischen Haushalt des Menschen zu beeinflussen. Und gerade weil in der Religion eigentlich permanent Ängste und Hoffnungen verhandelt werden, fällt es den Menschen so schwer, sich von ihr zu lösen.

Hilfe durch Fantasiewesen?

Für viele Menschen ist der Glaube, ein übernatürliches Wesen überwacht und beschützt sie, die wichtigste psychische Stütze und selbstverständlicher Teil ihres Alltagsbewusstseins.

Übernatürliche Wesen, für Christen zum Beispiel Schutzengel und Heilige, sind jederzeit verfügbare Gesprächspartner, auch wenn sie unsichtbar und stumm sind. „Lebendige Religiosität" bedeutet, sich in einer Fantasywelt eingerichtet zu haben und zu versuchen, mit Hilfe von Fantasiewesen seine Probleme zu lösen.

Übernatürliche Wesen sind Fantasiewesen, imaginäre, das heißt eingebildete Figuren.

Woher wissen wir das? Wir müssen es mit der allergrößten Wahrscheinlichkeit annehmen. Einfach deswegen, weil es bisher keinen Beweis für die Existenz dieser Wesen gibt. Die übernatürlichen Wesen, welche der gewöhnliche Gläubige verehrt und fürchtet, können von ihm weder gesehen noch gehört werden. Der Gläubige formuliert die Antworten dieser unsichtbaren und stummen Wesen selbst. Mit übernatürlichen Wesen sprechen heißt in Wirklichkeit Selbstgespräche führen.

Die „Auserwählten", die übernatürliche Wesen „wahrnahmen" und „wahrnehmen", wie Schamanen, Mystiker oder Esoteriker, konnten und können nicht zeigen, dass es sich um mehr als Halluzinationen, das heißt Hirngespinste, handelte.

Ein gewichtiges Argument gegen die Existenz von Fantasiewesen ist auch, dass es nicht alle geben kann, die behauptet werden. Sind die monotheistischen Religionen wahr, kann es nicht die zahllosen Geister des Animismus, keinen Manitou, keine Isis, keinen Osiris, keinen Zeus, keinen Wotan, keinen Krishna, keinen Shiva, keine transzendenten Buddhas usw. geben. Sind aber die polytheistischen Religionen wahr, muss es viel mehr Fantasiewesen geben als die monotheistischen behaupten. Wir haben bisher kein Mittel und keine Methode um festzustellen, welche übernatürlichen Wesen nicht der menschliche Fantasie, nicht Ängsten und Hoffnungen entsprungen sind. Auch die Unterscheidung zwischen Halluzinationen und Visionen hilft uns nicht weiter, denn sie ist sachlich völlig unhaltbar.

Genaugenommen sind die übernatürlichen Wesen eine spezielle Sorte von Märchenfiguren, auch sie haben die Funktion, die Psyche zu regulieren. Das religiöse Weltbild spiegelt die kindliche Stufe der Bewusstseinsentwicklung der Menschheit wieder und war für sie vielleicht so wichtig wie Märchen für die psychische Entwicklung von Kindern. Die religiösen Fantasiefiguren entsprechen den „Übergangsobjekten" des Psychoanalytikers Donald Winnicott. Als Übergangsobjekte bezeichnete er Gegenstände wie Teddybären, Puppen und Bettdecken, welche dem Kleinkind auf dem Weg zur Selbstständigkeit Halt geben, ihm helfen, alleine, ohne Mutter und Vater, sein zu können. Da der Mensch aber in jeder Lebensphase (väterlichen) Schutz und (mütterliche) Fürsorge brauchen kann, bleiben die Menschen in der Regel den religiösen Übergangs- und Ersatzobjekten ihr Leben lang treu.

Die Zahnfee und das Jesuskindlein

Für Kinder sind die göttlichen Personen zuerst einmal Teil des von den Erwachsenen erfundenen gesamten Jenseitspersonals, welches den Kindern als wirklich existierend vermittelt wird. Kindern in christlichen Kulturkreisen wird in der Regel eine Jenseitswelt vorgegaukelt, in der sich Figuren tummeln wie Frau Holle, der Nikolaus, der Weihnachtsmann, das Christkind, die Zahnfee und der Osterhase. Aber auch das Jesuskind, sein „Vater" Josef, verschiedene Heilige und Gott-Vater.

Irgendwann begreift das Kind, dass die Erwachsenen behaupten, bestimmte Mitglieder des Jenseitspersonals exis-

tieren tatsächlich und andere haben sie nur „zum Spaß" erfunden.

Hilfe durch Gebete

Beten kommt von bitten. Viele Gebete sind Bitten und Dank-
sagungen. Gebete helfen genau in dem Maße, wie Sugges-
tionen und andere Formen der Selbsthypnose helfen. Wie
Placebos Selbstheilungskräfte aktivieren, so auch Gebete.

Dass bei der Hilfe durch Gebete nicht mehr als Selbsthypnose im Spiel ist, keine höheren Wesen eingreifen, zeigen die Fürbitten-Untersuchungen. Fürbitten sind Gebete
für andere Menschen. Für andere kann man auch beten,
wenn diese nichts davon wissen und damit die Möglichkeit
der Suggestion oder Selbsthypnose ausschließen. Das nicht
überraschende Ergebnis: Menschen die nicht wissen, dass
für sie gebetet wird, fühlen sich nicht besser, auch Krankheiten werden bei ihnen nicht häufiger geheilt. Es verhält sich
hier also genau wie bei den Verhexungen, wer nichts davon
weiß, wird auch nicht davon beeinflusst.[31]

Ein weiteres Indiz dafür, dass bei Gebeten keine höheren
Wesen im Spiel sind, bietet das Phänomen, dass es gleichgül-
tig ist, wen oder was man anbetet: Ob Gott, Götter, Geister,
Heilige gleich welcher Religion, ob Totemtiere, Pflanzen,
Bäume, Steine, ob Musik-, Film- oder Fußballstars, sie alle
„helfen". Sogar wenn wir an uns selbst „beten", hilft das.

Nichts anderes praktizieren wir, wenn wir uns Suggestio-
nen setzen. Dass Beten eine Form der Selbsthypnose bedeutet, können wir leicht feststellen. Einem gläubigen Christen
hilft eine Gelassenheitssuggestion am besten, wenn er sie als
ein Gebet formuliert und dieses an eine von ihm besonders
positiv besetzte christliche Jenseitsfigur, zum Beispiel einen
besonders geschätzten Heiligen, richtet. Für gläubige Moslems, Buddhisten usw. gilt natürlich entsprechendes. Ein
Atheist braucht aber auf suggestive Hilfe nicht zu verzichten, sie funktioniert nämlich auch, wenn er sie an sich selbst

adressiert, indem er sich beispielsweise versichert, dass er „immer gelassener und gelassener" wird.

Die regenerative Funktion der Religion

Beten, Hören von Predigten, Lesen von religiösen Texten, Besuche von Gottesdiensten und andere religiöse Praktiken wirken auf viele Gläubige regenerativ. Sie fühlen sich anschließend frischer, fried- und hoffungsvoller.

Regenerativ wirkt auch die gefühlsbeladene suggestive Sprache der Religion, in der die Logik so wenig eine Rolle spielt wie in einem surrealistischen Theaterstück. Für jeden Menschen gibt es positiv besetzte Wörter, Wörter, bei denen es ihm warm ums Herz wird, weil er mit ihnen angenehme Erfahrungen verbindet oder weil sie angenehme Erfahrungen versprechen. Wärmende Begriffe im christlichen Jargon der letzten Jahre sind: Gewissheit, Vertrauen, lebendiger Gott, lebendige Erfahrung, Gottes Geheimnis, umfassender Sinnhorizont, offenes Wesen des Menschen, geschenkte Vollendung und Wunder der Offenbarung. Die wärmenden Wörter „eins sein" und „ganzheitlich" fanden sogar ihren Weg aus der New-Age-Kultur in den allgemeinen Sprachgebrauch.

Für die positive Wirkung ist es unerheblich, ob der Benutzer dieser Wörter genauer weiß, was mit ihnen gemeint ist. Die Ungenauigkeit unterstützt wahrscheinlich sogar die Wirkung, weil der Benutzer sie dann genau so verstehen kann, wie er sie benötigt.

Großer Bruder Jesus

Höhere Wesen haben unter anderem die Funktion, dem Menschen in einer zutiefst unsicheren Welt Sicherheit und Geborgenheit zu schenken. Auf eine besondere Weise macht das die Figur des Jesus von Nazareth. Für viele Christen bedeutet Christentum: Jesus, Jesus, Jesus. Er ist ihr Alpha und

Omega, ihr Ein und Alles. Das Bild, das die Evangelien von der Figur Jesus ermöglichen, wenn man die Schattenseiten übersieht, befriedigt eine Sehnsucht, die weit in die Kindheit zurückreicht: die Sehnsucht nach einem großen und vollkommenen Bruder. Ein Bruder, dem wir alle unsere Sorgen und Nöte anvertrauen können, weil er alles versteht, alles verzeiht, auf jede Frage eine Antwort weiß, für jedes Problem eine Lösung hat. Ein Bruder, der jede Ungerechtigkeit, die uns widerfährt, rächt und der auch, wenn es nötig ist, beim Vater ein gutes Wort für uns einlegt. Jesus ist dieser Superbruder, dieser Superfreund, dieser Supermann. Und dieser verständliche Wunsch erklärt, warum es Menschen so leicht fällt, ihre Gefühle in die Figur Jesus zu investieren.

Dass Jesus bewusst oder unbewusst als Bruder konzipiert ist, kann man auch daran ersehen, dass dem Kind vom „Jesukindlein" erzählt wird, nicht von dem Erwachsenen Jesus. Dem Kind wird suggeriert, es habe einen älteren brüderlichen Hüter, der in einer Art Feenland lebt und das Kind immer und überall beschützt, gesetzt: es ist brav.

Wie alle erfolgreichen Mythen dockt auch der Mythos vom Freund und Bruder Jesus an tiefe Bedürfnisse und unerfüllte Wünsche an. Dem erwachsenen Gläubigen erscheint das christliche Angebot des Fantasiefreundes Jesus stimmig, weil es die Sehnsüchte der Kindheit stillt und mit ihren Qualen versöhnt.

Die Figur Jesus kann natürlich nicht nur als großer Bruder benutzt werden, sie eignet sich für viele andere Rollen, vorzüglich als idealer Mann. Diese Funktion erfüllte sie vor allem bei den ins Kloster abgeschobenen Frauen des christlichen Mittelalters, die ihn sich als den idealen Geliebten fantasierten.

Fantasiefiguren als Rettungsanker

Die verschiedenen Fantasiefiguren der Religionen haben verschiedene Funktionen und Bedeutungen für die Gläubigen. In den polytheistischen Religionen, aber auch bei den Katholiken, sind die Aufgaben der Fantasiefiguren ziemlich genau definiert. Jeder Gott, jede Göttin, jeder Heilige hat sein Aufgabengebiet, ungefähr den Berufen in einer Gesellschaft entsprechend.

Welche psychische Bedeutung eine Fantasiefigur für den Gläubigen hat, hängt von seiner Umwelt und seiner Sozialisation ab. Manche Menschen sind, wegen ihrer Sozialisation, extrem abhängig von bestimmten Fantasiefiguren, ohne sie sind sie nichts, können sie den Alltag nur so jämmerlich bewältigen wie ein Drogenabhängiger ohne Droge.

Wenn Gläubigen erfolgreich eingeredet wird, dass sie nichts sind, dass ihr Wert allein von dieser Figur bestimmt wird, dann sind solche Abhängigkeiten verständlich. „Ich glaube, dass ich nichts bin und dass Du alles bist", heißt es in einem katholischen Gebetbuch für Frauen. Im Gegensatz zum befreienden Nichtsein des Zen bedeutet dieses christliche Nichts, sich zu einem Nichts zu erniedrigen, das um Anerkennung und Liebe betteln muss. Mystiker und Mystikerinnen waren solche abhängigen und um Anerkennung und Liebe bettelnden Menschen.

Katholische Frauen sind oft abhängig von der Figur Maria. Sie ist für sie der große Rettungsanker, der mächtigste Stützpfeiler, das große Zufluchtsobjekt. Es ist das Objekt, mit dem sie sich zuverlässig aussprechen, dem sie ihre geheimsten Ängste und Wünsche anvertrauen können, das sie ganz versteht, tröstet und, zumindest in der Fantasie, in den Arm nimmt und beschützt. Maria ist die vollkommene Mutter und Freundin, also weit besser als jede reale. Für Männer können sich in Maria Mutter und (Ersatz-)Frau vermischen. Eine mildere Form der Abhängigkeit von den Fantasiefiguren ist vergleichbar mit der Abhängigkeit mancher Sportler von ihrem Training. Ohne tägliches Training leidet für sie nicht nur die physische, sondern auch die psychische Verfassung.

In den monotheistischen Religionen ist natürlich Gott die wichtigste Fantasiefigur. Was wir über die psychische Bedeutung von Maria und Jesus sagten, gilt, in verstärktem Maße, auch für Gott. Er ist das Zufluchtsobjekt, die Stütze und die Hoffnung. Allerdings ist Gott ein Übervater und wie in die meisten Kind-Vater-Beziehungen ist auch die Beziehung zwischen dem Gläubigen und seinem Gott von Angst durchgezogen. Das Verhältnis zu Gott ist in der Regel ein zwiespältiges, wie es schon Luther formulierte, als er befahl, ihn zu „fürchten" und zu „lieben".

Der innere Dialog als therapeutisches Mittel

Gebete und sonstige Gespräche mit übernatürlichen Wesen sind Selbstgespräche, da die angesprochenen Wesen nicht wirklich antworten. Manche Betenden formulieren die Antworten der Wesen selbst, dann sind Gebete Selbstgespräche mit verteilten Rollen. Meist aber deuten die Betenden Gefühle, Gedanken oder irgendwelche anderen Ereignisse als Antworten der übernatürlichen Wesen. Die Antworten fallen trotzdem nicht immer wie gewünscht aus, weil diese Wesen Teile des Über-Ichs, des Gewissens sind. Das Über-Ich ist die Heimat unserer verinnerlichten Autoritäten: Menschen, die uns in unserer Kindheit besonders beeindruckt haben, und Gebote, die uns in unserer Kindheit beigebracht wurden. Dem Willen dieser Menschen zuwider zu handeln oder die Gebote zu brechen, löst Ängste in uns aus, denn meist wurden wir in solchen Fällen auf irgendeine Weise bestraft. Im „Dialog" mit den übernatürlichen Wesen testet der Gläubige auch die Ängste und Hoffnungen aus, die ihm die Über-Ich-Autoritäten bereiten.

Die beinahe permanenten inneren Monologe und Dialoge, die wir im Alltag führen und die der Mensch wahrscheinlich führt, seitdem er die Sprache entwickelt hat, sind in ihrer

Bedeutung für die Psyche nicht zu unterschätzen. Gespräche mit sich selbst und mit vorgestellten Gesprächspartnern gehören zum Wesen des Menschen. Mithilfe dieser Gespräche verarbeitet er die Einflüsse der Umwelt, versucht er die Probleme, die sie ihm bereitet, zu lösen. So spielen wir einen uns belastenden Streit immer wieder innerlich durch, verändern dabei unsere Worte, bis der Streit, zumindest in unserer Fiktion, den gewünschten Verlauf nimmt. Wir können dabei lernen, uns zukünftig besser in einer ähnlichen Situation zu verhalten.

Übernatürliche Wesen sind Problemlösungspartner, die dem religiös erzogenen Menschen als Herren, Führer und Helfer schon in seiner Kindheit vermittelt wurden, sich im Über-Ich festsetzten und ihn deshalb sein Leben lang begleiten; manchmal sogar gegen seinen Willen.

Religiös erzogene Menschen wurden mit Beginn ihrer Sprachfähigkeit mit diesen Fantasiewesen indoktriniert, von ihnen abhängig gemacht. Sie lernten, ihre Ängste und Hoffnungen vor allem im Dialog mit diesen Wesen zu regulieren.

Indoktrination ist eine manipulative Belehrung, welche im Menschen eine bestimmte Auffassung so tief versenken will, dass er zu alternativen Auffassungen nicht mehr fähig ist. Man könnte einwenden, müssen Erwachsene nicht automatisch ihre Kinder mit einem Weltbild indoktrinieren? Woher können sie sicher sein, dass ihr eigenes kein Fantasiegebäude ist? Eine vollständige Sicherheit gibt es nicht. Entscheidend ist, ob Eltern ihre Kinder in die Lage versetzen, ein Weltbild, gleich welches, zu hinterfragen, ob sie also ihren Kindern die Fähigkeit zum kritischen, rationalen und angstfreien Denken mitgeben. Religiöse Erziehung blendet diese Fähigkeit in der Regel aus, manchmal auch nur für das religiöse Gebiet, denn das Ziel dieser Erziehung heißt meist Gehorsam, im besten Fall: Angstminderung durch Gehorsam.

●●● Fazit: Der Gläubige ist ein Mensch, der bestimmte Märchen seiner Kindheit noch als Erwachsener für wahr hält. Religiös erzogen zu werden bedeutet, zu lernen, mit Hilfe von Fantasiewesen seine Probleme zu lösen, insbesondere mit ihnen seinen psychischen Haushalt zu steuern. Das geschieht durch die Vorstellung, diese Wesen überwachen, beschützen, helfen und strafen. Diese Praxis kann in seelischer Not helfen und zwar im Rahmen dessen, was Selbsthypnose leisten kann. ●●●●●●

13. Wir können nicht tiefer fallen als in Gottes Hand

●●● Behauptung: Das Spekulieren über Gott und die Welt ist ein Zeichen fehlenden Glaubens und menschlicher Überheblichkeit. Es führt letztlich nur zur Verwirrung. Ob Gott allmächtig, allwissend, gut oder schlecht ist, das zu erkunden liegt nicht in unserer Macht. Wichtig sind allein der unbedingte Glaube und das unbedingte Vertrauen in Gott. Unbedingt heißt: Keine Bedingungen stellen! Wer Gott nur liebt, wenn er sich seinen Vorstellungen entsprechend verhält, der ist weit entfernt von wahrer Gottesliebe. Wer wahrhaft auf Gott vertraut, ist im tiefsten Herzen frei von Sorge und Angst. Viele Menschen erleben ihren Glauben als eine Kraft, die sie durch ihr Leben trägt, besonders oft bewährt sich dieser Glaube in Notsituationen. ●●●●●●●●●●●●●●●●●●

Auf Gottes Hilfe zu vertrauen, heißt sicher sein, „nicht tiefer fallen zu können als in Gottes Hand", wie es die ehemalige evangelische Bischöfin Margot Käßmann formulierte.

Wie viele Juden haben im Dritten Reich darauf vertraut, dass sie ihr Gott vor dem Schlimmsten bewahren wird? Wie viele werden das noch auf dem Weg zur Gaskammer getan haben? Wie viele Mütter haben darauf vertraut, dass Gott ihre Kinder vor dem Hungertod retten wird? Wie viele Gefangene in den Folterkammern der Welt haben darauf vertraut, dass der Kelch der Qualen an ihnen vorübergehen wird? Auch die Ureinwohner Afrikas und Amerikas, die auf ihre Geister und Götter vertrauten, wurden bitter enttäuscht. Weder diese noch der Gott der Invasoren schützte sie vor dem Raub ihrer Heimat und der jahrhundertelangen Ausbeutung. Die übergroße Mehrheit der Menschen war und ist gläubig, vertraute und vertraut auf Geister, Götter oder Gott, lebte und lebt aber trotzdem in erbärmlichen Verhältnissen.

Obwohl unzählige Menschen auf Gott vertrauen, gibt es unzählige Übel auf dieser Welt. Wer diese mit dem unerforschlichen Ratschluss Gottes verteidigt, der verlangt von uns, auf ein Wesen zu vertrauen, dessen Handlungskriterien er überhaupt nicht kennt, das ihm damit auch keinen Grund liefert, ihm zu vertrauen.

Manche Menschen erzählen wundersame Geschichten von Heilungen oder Rettungen. So berichten Soldaten des Zweiten Weltkriegs, wie sie durch seltsame Fügungen vom sicheren Tod auf dem Schlachtfeld bewahrt wurden. In Luftschutzkellern sollen Menschen durch Engel gerettet worden sein. Solche Geschichten haben es an sich, nicht überprüft werden zu können. Aber was würde es heißen, wenn es tatsächlich solche wundersame Rettungen gegeben hätte? Es würde heißen, dass übernatürliche Wesen sich die Mühe machen, einen einzelnen Menschen aus einer lebensgefährlichen Situation zu retten, etwa vor einem Bombenangriff, es aber zulassen, dass Hunderte durch einen solchen zerfetzt werden. Es würde heißen, übernatürliche Wesen sind fähig, Menschen in Luftschutzkellern zu retten, es aber zulassen, dass sechs Millionen in Konzentrationslagern umkommen und 50 Millionen auf Schlachtfeldern.

Wie groß ist das Gottvertrauen der Gläubigen aber wirklich? Warum arbeiten, sparen und beten sie, wenn sich Gott, wie die Bibel versichert, sogar um das Kleid der Blumen und die Nahrung der Vögel kümmert? Weil noch dem verbohrtesten Gläubigen dunkel bewusst ist, dass es sich bei seinem Gottvertrauen um einen psychologischen Trick handelt, der manchmal funktioniert, häufig aber auch nicht.

Im Übrigen stellt absolutes Gottvertrauen die moralfreie Situation her, welche Gläubige gerne Atheisten vorwerfen: Wer sich sicher ist, dass Gott ihm immer hilft, hat einen Grund weniger, sich an Gebote zu halten, Gott bestraft ihn ja letztlich nicht. So jemand kann betrunken mit dem Auto fahren, selbst wenn er ein Kind überfahren sollte, von Gottes Seite kann ihm nichts passieren. Und wo hält Margot Käßmanns Gott seine Hand auf, in diesem oder im jenseitigen Leben? Würde er sie in diesem Leben für Margot Käßmann aufhalten, während gleichzeitig zehntausende in den Folterkammern der Welt unsagbare Qualen erdulden müssen, wäre er ein verabscheuungswürdiger Gott. Dass er sie im nächsten Leben aufhält, ist unüberprüfbar und nach den Lehren der Kirche Frau Käßmanns alles andere als sicher. Das unbedingte Gottvertrauen ist angesichts der Drohung mit der ewigen Hölle aberwitzig.

●●● Fazit: Für Gottvertrauen gibt es nicht die geringsten empirischen Gründe, keine Vorkommnisse in der Welt, die es irgendwie rechtfertigen. Es gibt auch keine theologischen, keine die sich aus den religiösen Lehren ergeben würden. Gottvertrauen ist nur ein suggestives Beruhigungsmittel. ●●●●●●●●●●●●●●●●●●●●●●

14. Der Glaube wurde mir von Gott geschenkt

●●● Behauptung: Ein wahrer Gläubiger benötigt und will keine Gottesbeweise. Beweise widersprechen dem Wesen des Glaubens. Der Glaube ist ein Geschenk Gottes, deshalb wäre es paradox, Beweise zu verlangen. Der Glaube wäre dann kein Glaube mehr. Beweise zu verlangen, ist ein Zeichen des Misstrauens und eine Zurückweisung von Gottes Geschenk. ●●●●●●●●●●●●●●●

Diese Einstellung findet sich besonders häufig bei evangelischen Christen. Sie machen aus der Not, die Existenz Gottes nicht beweisen zu können, die Tugend des Glaubenszeugnisses. Gerade weil Gott nicht beweisbar ist, kann der Gläubige wahrhaft seinen Glauben bezeugen. Und diese Einstellung beantwortet die Frage, warum wir an Gott glauben, einfach und klar: Weil uns Gott den Glauben schenkte.

Warum aber schenkte Gott nicht allen Menschen den Glauben? Und warum schenkte er nicht allen den richtigen? Wie urteilt er über diese beiden Gruppen, wenn er sein Gericht hält? Woher weiß der Gläubige eigentlich, dass es sich bei seinem Glauben um ein Geschenk handelt? Warum sollte sein Glaube nicht das Resultat von Märchenerzählungen Erwachsener sein, wie es sein Glaube an Knecht Ruprecht, den Nikolaus, den Weihnachtsmann und den Osterhasen auch einmal war?

Warum Menschen gläubig sind

Warum Menschen gläubig sind, lässt sich viel einfacher und plausibler erklären als die durch kein Faktum gestützte Mutmaßung, ihr Glaube sei ein Geschenk Gottes. Die übergroße Mehrzahl der Menschen ist nicht deshalb gläubig, weil sie über Gott und die Welt nachdachte und Religion und speziell ihre Religion als die wahre erkannte. Und sie ist auch nicht deshalb gläubig, weil sich ihr Gott auf irgendeine Weise offenbarte oder ihr ausreichend half.

Die allermeisten Menschen sind aus dem ganz einfachen Grund gläubig, weil sie gläubig erzogen wurden. Dass der Glaube das Resultat von Erziehung ist statt eines Geschenkes, wird besonders stark durch das Phänomen plausibilisiert, dass fast jeder Gläubige an den Gott oder die Götter glaubt, die ihm seine Erzieher vermittelten.

Wie sich die Vorstellungen von übernatürlichen Wesen in der Geschichte der Menschheit entwickelten, haben wir in der Antwort auf das erste Pro-Argument ausgeführt. Hier wollen wir kurz darlegen, warum übernatürlichen Wesen gerade die Eigenschaften zugesprochen werden, die ihnen zugesprochen werden, und wie diese mit der Psyche des Menschen korrespondieren.

Gott als verinnerlichter Übervater

Für die monotheistischen Religionen ist Gott Vater und Herr. Zwar waren auch weibliche Göttinnen weit verbreitet, aber nur in polytheistischen Religionen.

Warum hält sich unter den vielen Gottesbildern gerade das Bild von einem alten Mann mit Bart so hartnäckig? Schon der Begriff *Gottvater* legt es nahe, in der monotheistischen Gottesvorstellung Bilder von wirklichen Vätern verarbeitet zu sehen. Für den Gründer der Psychoanalyse, Sigmund Freud, war Gott eine überhöhte verinnerlichte Vaterfigur, ein Übervater. Überhöht meint, dieser Vater besaß die Eigenschaften wirklicher Väter, aber auf eine vollkommene Weise. Wir kennen diese Idee von den Theologen, die behaupten, Gott besitze menschliche Eigenschaften, aber eben auf vollkommene Weise. So sei er nicht nur mächtig, sondern allmächtig, nicht nur wissend, sondern allwissend, nicht nur gütig, sondern allgütig. Die Allgüte ist die unglaubwürdigste Eigenschaft des monotheistischen Gottes, er ist ja ein Wesen, welches mit ewiger Folter droht.

Warum Gott allmächtig, allwissend und nicht wirklich allgütig ist

Stellen wir uns ein Kind mit drei Jahren vor. Wie müssen auf ein solches Kind seine Eltern wirken? Wie würde es sie beschreiben, wenn es seine Eindrücke schon formulieren könnte? Machen wir uns bewusst, das Wohl und Wehe des Kindes scheint für das Kind allein von seinen Eltern abhängig zu sein. Von ihnen bekommt es Nahrung, Kleidung, Wärme und Geborgenheit. Die Eltern sind stark, sie können das Kind heben, hinlegen und auch sonst mit ihm anstellen, was sie wollen. Auch viele andere Dinge können von den Eltern scheinbar nach Belieben gehandhabt werden. Alles das bedeutet: Für das Kind sind die Eltern allmächtig.

Für das Kind scheint es auch so, als wüssten die Eltern immer, was es getan hat und tun will, als überwachten sie es ständig, als könnten sie seine Gedanken lesen. Die Eltern können auch jede Frage des Kindes beantworten, wenn sie es wollen: Für das Kind sind die Eltern allwissend.

Aber sind sie auch allgütig? Das Kind merkt schnell, dass die Eltern nicht alles, was es macht, gutheißen. Manchmal sind sie verärgert, kümmern sich einfach nicht um es oder strafen es. Es ist also kein Zufall, dass gerade die Eigenschaft der Allgüte auch Gott nicht mit vollem Herzen zugesprochen wird. Wie Vater oder Mutter ist auch er zornig und strafend. Wie manche Eltern ist er so perfide, von seinen Kindern zu verlangen, dass sie gegen jeden Schein behaupten, er wäre das allergütigste Wesen, Bestrafungen würden ihn mehr schmerzen als die Bestraften. Und wie viele Eltern verlangt auch er blinden Gehorsam.

Dass beim monotheistischen Gott gerade die Eigenschaften der Allmacht, Allwissenheit und Allgüte betont werden, macht es noch plausibler, dass er auch eine Projektion elterlicher Eigenschaften ist. Eigenschaften, welche das Kind gerade in der Entwicklungsphase an den Eltern wahrnimmt, in der diese beginnen, ihm religiöse Vorstellungen einzupflan-

zen. Voraussetzung der Zuschreibung der Allmacht, Allwissenheit und Allgüte an einen einzigen und bevorzugt männ-
lich gesehenen Gott ist natürlich eine betont patriarchalische
Gesellschaft, also eine, in der die Männer das Sagen haben.

Warum die Götter wie Onkel und Tante sind

Die Ursprünge der Mythen und Märchen der Völker und
damit auch vieler religiöser Vorstellungen liegen in den
Erlebnissen der Kindheit und Jugend der Menschen.[32] Das
Jenseitspersonal, welches die Erwachsenen an Lagerfeuern
und in Wohnstuben ersannen, wurzelte nicht so sehr in ihrer Fantasie, sondern vornehmlich in den Erlebnissen bis
zur Adoleszenz, dem Erwachsenwerden. Die Erwachsenen
verarbeiteten die Erlebnisse, indem sie diese in Erzählungen
gossen und auf eine fantastische Weise und entsprechend
ihrer Ängste und Wünsche weiterspannen. Deshalb können
auch heute noch Märchen und Mythen therapeutisch genutzt
werden. Im Laufe der Zeit wurden nicht nur die Charaktere
des „erfundenen" jenseitigen Personals ausgefeilt, ihre Meinungen, Wünsche und Gebote präzisiert, sondern es kristal-
lisierte sich auch ein Set an besonders beliebten Situationen
und Geschichten heraus. Situationen und Geschichten, die
besonders berührten, weil sie von besonders wichtigen Erfahrungen erzählten.

Hauptfiguren der mythischen Erzählungen der großen
Völker waren die Mitglieder der Götterfamilien. Die Götterfamilien waren Spiegelungen der realen Großfamilien,
die in das Jenseits projiziert wurden. Deshalb waren die
Götterfamilien so groß wie die wirklichen Familien und entsprachen die Verwandtschafts- und Machtverhältnisse der
Götterfamilien ungefähr denen der diesseitigen Familien.
Die mächtigste Götterfamilie war eine Spiegelung der Herr-
scherfamilie. Markanteste Übereinstimmung zwischen Diesseits und Jenseits: In matriarchalen Gesellschaften dominier-

126

ten die weiblichen Götter die Himmelswelt, in patriarchalen die männlichen.

In den polytheistischen Religionen steht an der Spitze des Götterhimmels oft ein Götterpaar, Gott-Vater und Gott-Mutter. Die charakterlichen Eigenschaften, wie auch alle anderen Eigenschaften, welche den Göttinnen und Göttern zugesprochen wurden, waren aber nicht exakt die Eigenschaften der wirklichen Mitglieder einer Großfamilie, nicht die der jeweilig wirklichen Eltern, Onkeln und Tanten, sondern die einer idealtypischen Großfamilie. Der oberste männliche Gott verkörperte den für eine bestimmte Gesellschaft idealtypischen Vater, die oberste weibliche Göttin die idealtypische Mutter, der Sohn den idealtypischen Sohn und so weiter. Idealtypisch bedeutet nicht vollkommen gut, sondern die vollkommene Verkörperung der guten und schlechten Eigenschaften eines Typus. Die idealen Eigenschaften der Mitglieder der göttlichen Großfamilien entwickelten und verfestigten sich im Laufe der Erzählungen der Göttergeschichten, so wie sich die Eigenschaften von Romanfiguren oder den Helden von Seifenopern im Fortschreiten der Erzählungen entwickeln und verfestigen. Im katholischen Christentum wurden die Götter durch Engel und Heilige ersetzt, deshalb funktioniert es wie eine polytheistische Religion.

Solange die Charaktere und die Geschichten der Götter zu der Lebenssituation der Gesellschaft passten, wurden sie nicht verändert. Neue Lebenssituation erfordern aber neue Eigenschaften, Personen und/oder Geschichten. Wir können diesen Prozess der Veränderungen am Gottesbild besonders gut in den letzten Jahrzehnten beobachten. In ihr geschahen wesentlich mehr gesellschaftliche Veränderungen als in den Zeiten Abrahams.

Gott ist nach Aussage der Theologinnen und Theologen immer das und für das, was ihre sozialen und politischen Ansichten gerade verlangen. So war er zur Zeit der Friedensbewegung die Personifizierung des Friedens (Schwerter zu Pflugscharen) und zur Hochzeit des Feminismus war Gott selbstverständlich eine Frau. Religionen haben schon immer ihren Gott den Erfordernissen der Zeit angepasst, nur dass sich früher die Zeiten viel langsamer änderten.

Das Gottesbild des Einzelnen entspricht aus den eben genannten Gründen nicht einfach dem verinnerlichten und überhöhten Bild seines realen Vater, auch wenn dieser in die Vorstellung jedes Gläubigen mit hineinwirkt. Wichtig für das individuelle Gottesbild ist sicher, ob im Verhältnis zum realen Vater, aber auch zur Mutter, die Angst oder das Vertrauen vorherrschte.

Warum Gott von allem Bösen entlastet wird

Dass Gott den idealtypischen Vater, plus subjektive Ausprägungen, personifiziert, macht auch verständlich, warum Gläubige Gott von allem Bösen zu entlasten versuchen. Aus dem gleichen Grund, aus dem wir ungern Schlechtes über unsere Eltern sagen, manchmal nicht einmal zu denken wagen: Als wir klein waren, hing unser Wohlbefinden ja überwiegend von unseren Eltern ab, falsches Verhalten und Kritik barg die Gefahr der Bestrafung, von leichten Missfallensäußerungen, körperlichen Züchtigungen bis hin zu Liebesentzug. Wegen dieser Konditionierung löst die Kritik an allen Autoritätspersonen Ängste in uns aus. Für religiös erzogene Menschen ist Gott die größte Autoritätsperson, allmächtig und allwissend kennt er jeden Gedanken und jede noch so winzige Regung.

Von den Vor- und Nachteilen, ein Diener zu sein

Ein Kind, welches für Fehlverhalten hart bestraft wird und besonders für unterwürfiges Verhalten Lob und Anerkennung erhält, wird sich auch als Erwachsener unterwürfig verhalten oder die Erzieher kopieren, sich wie die Herren „aufführen".

Ein Sklave oder Diener dämpft durch Gehorsam die Angst vor Strafe. Je bedingungsloser er sich unterwirft, desto größer die Angstminderung. Sich bedingungslos dem Herrn / Gott zu unterwerfen, mindert die Angst vor seiner Strafe am stärksten. Da der Herr für den sich Unterwerfenden sorgt, gewinnt dieser, neben der Angstminderung, auch ein gewisses Sicherheits- und Geborgenheitsgefühl.

Die Unterwerfung birgt, scheinbar paradox, aber auch den besonderen psychischen Gewinn der Erhöhung des Selbstwertgefühls. Ein Teil der Macht des Herrn überträgt sich auf seinen Diener. Je höher und mächtiger der Herr, desto höher und mächtiger der Diener, zumindest im Verhältnis zu Dienern weniger mächtiger Herren. Deshalb ist es immer attraktiv, Diener oder Anhänger eines besonders mächtigen Herrn zu werden, am besten natürlich des allermächtigsten. Das erklärt, warum viele Menschen so leicht für die Arbeit als Diener, Soldat oder Missionar Gottes gewonnen werden können: Sie bedient beide Seiten des autoritären Charakters: die Gehorsams- und die Befehlsseite. Zu guter Letzt befreit die Unterwerfung unter einen Herrn ein Individuum in vielen Bereichen von der Last, eigene Entscheidungen treffen und Verantwortung übernehmen zu müssen.

Fremdbestimmung, Demütigung, Angst und Strafen sind das gewöhnliche Los einer Dienerexistenz, ob bei einem weltlichen oder überweltlichen Herrn. Die Vorteile: Angstminderung durch Gehorsam, Gewinn einer gewissen Sicherheit und Geborgenheit, Erhöhung des Selbstwertgefühls und Entscheidungs- und Verantwortungsentlastung.

Warum Erwachsene den Kindheitsglauben nicht überwinden

Wie für die sogenannten alten Mütterchen ist für die meisten Gläubigen der Glaube einfach selbstverständlicher Teil einer nicht reflektierten Lebensform, gleichgültig, ob einer guten oder schlechten. Sie haben für rationale Argumente gar keine Antenne, sie verstehen sie nicht einmal, sie sind nur aus dem Grunde gläubig, weil man das schon immer war.

Die frühe Indoktrination der Glaubenswelt bewirkt natürlich eine starke Verankerung in der Gefühlswelt des heranwachsenden Menschen. Das blockiert Hinterfragungen, die Glaubensinhalte, Autoritäten und Rituale werden als selbstverständlich hingenommen. Einseitige Informationen behindern zusätzlich eine kritische Auseinandersetzung. Sie wird auch durch einen sozialen Rahmen erschwert, der bei Glaubenszweifeln oder Kritik mit Ausschluss droht.[33] Wird ein Heranwachsender überhaupt nicht zu kritischem Denken erzogen, kann er sich nicht einmal vorstellen, dass die Welt anders eingerichtet sein könnte, als es ihm die Glaubensinhalte seiner Kindheit vermittelten. Teilt die Umgebung die Glaubensinhalte, können sich die abstrusesten Vorstellungen über Jahrhunderte halten, so der Glaube der Christen, dass ein billiges dünnes Stück Mehlteig, eine Oblate, das Fleisch eines Gottes wird (nicht symbolisiert!), wenn ein Priester eine magische Formel über sie spricht.

Die allermeisten der schon erwähnten afrikanischen Prostituierten, welche gezwungen werden in Europa ihren Körper zu verkaufen, schicken ihren Lohn ihren Zuhältern in Afrika. Ihnen wurde eingeschärft, dass sie und ihre Angehörigen von Geistern bestraft werden, sollten sie ihn behalten. Hier offenbart sich überdeutlich, wie tief die religiöse Abrichtung greift, wie mit ihr irrationale Ängste implementiert werden können, mit denen dann auch Erwachsene noch steuerbar sind.

Die Kirchen wissen, dass eine frühe Verankerung „von Glaubensinhalten sehr viel mehr zur Stabilisierung des Glaubens beiträgt als ein fundierter Wissensstand", so der Religionskritiker Ernst F. Salcher. Die frühkindliche Indoktrination mit dem Glauben erklärt auch, warum die fundamentalen Widersprüche der Großreligionen ihre Anhänger wenig bis gar nicht beunruhigen. Die Glaubensinhalte sind ihnen sogar so selbstverständlich, dass viele unfähig sind, fundamentale Widersprüche ernst zu nehmen, viele sind nicht einmal fähig, sie zu registrieren.

Auch der ethische Skandal, den die „Heiligen Schriften"
darstellen, zeigt, dass Menschen noch heute durch entspre-
chende Sozialisation blind für moralische Verkommenheit
werden können, für die sadistische Niederträchtigkeit, den
kranken Hass und die maßlose Strafsucht, wie sie typisch für
die Götter der „Heiligen Schriften" sind.

Bei Menschen, welche die intellektuelle Fähigkeit dazu
besitzen würden, die aller Vernunft Hohn sprechenden religiösen Behauptungen zu durchschauen, gibt es eine verbreitete
Faulheit, in Bezug auf die Religion den Verstand zu gebrauchen. Sie meinen, der Religion gegenüber braucht es keine
intellektuelle Redlichkeit, ihren Lehren gegenüber muss
man Toleranz walten lassen, auch wenn sie grobschlächtiger
Unsinn sind. Viele bilden sich auf diese intellektuelle Selbst-
beschränkung sogar noch etwas ein.

Das Sicherheits- und Schutzbedürfnis wird in der religiösen Literatur gerne Urangst genannt. Ihr begegnet der
religiöse Mensch durch das Urvertrauen, worunter er das
Vertrauen in übernatürliche Wesen versteht. Eine wirkliche
„Urangst" ist es, von der Gruppe beziehungsweise dem Vater oder Alphatier verstoßen zu werden, denn ein Ausschluss
aus der Gruppe kam in einer lebensgefährlichen Umwelt
einem Todesurteil gleich. Diese Ausschlussangst dürfte zu
unserem biologischen Erbe gehören. Das besonders starke
Unwohlsein, welches uns befällt, wenn wir glauben, uns
in einer Gruppe falsch verhalten zu haben, können wir als
einen Beleg dafür ansehen. Die Religion zu überwinden und
die religiöse Gemeinschaft zu verlassen, verlangt in vielen
Gesellschaften, diese „Urangst" vor Ausschluss zu überwinden. Selbst in der bundesrepublikanischen Gesellschaft ist
die Angst vor sozialer Ausgrenzung noch so weit verbreitet,
dass Menschen einen Glauben vorgeben, denn sie gar nicht
mehr besitzen.

Von dem schon zitierten Blaise Pascal stammt das Wort,
das Herz hat Gründe, die der Verstand nicht kennt. Die Gründe des Herzens in Bezug auf Gott liegen aber offen zu Tage:

die Angst vor Strafen, die Sehnsucht nach Anerkennung und Liebe und, nicht zuletzt, Machtwille. Der fantasierte Vatergott hält die Hoffnung aufrecht, dass das Herz die Liebe und Geborgenheit findet, die es ein Leben lang vermisste. Augustinus Herz fand angeblich endlich Ruhe, als es Gott fand. Diese Ruhe hielt ihn nicht davon ab, Folter zu legitimieren und Kriege zu heiligen.

Bei meiner Erklärung des Psychounternehmens Religion, ihrer für den Gläubigen so wichtigen seelischen Mechanismen, betonte ich die Angst vor Bestrafung und das Schutz-, Anerkennungs- und Liebesbedürfnis. Ich halte sie für die dicksten Stränge im Netz der Beziehungen zwischen dem Gläubigen, seiner religiösen Gemeinschaft und den religiösen Fantasiewesen. Die Beziehungen sind aber genauso komplex wie die zwischen anderen Partnern, bilden ein verwickeltes Gewebe, welches bei jedem Gläubigen sein eigenes Muster zeigen wird.

Sind und waren nicht viele Naturwissenschaftler religiös?

Es gibt einen ganz einfachen Zusammenhang zwischen Bildung und Religiosität: Je höher die Bildung, vor allem die naturwissenschaftliche, desto geringer der Glaube. Zahlen liegen für die USA vor. Sie sind besonders aufschlussreich, weil die Religiosität in den USA für ein westliches Land ungewöhnlich hoch ist. Schon 1914 führte ein Psychologe eine Umfrage bei 1000 Naturwissenschaftlern zu ihrem Glauben durch. Er unterschied dabei zwischen Durchschnittswissenschaftlern und solchen, die durch besondere Leistungen bekannt wurden, zum Beispiel durch Erfindungen oder Auszeichnungen. Es liegen zwar keine Zahlen von 1914 über die Gläubigkeit der Amerikaner insgesamt vor, aber auszugehen ist von Werten über 90 Prozent. Solche Werte sind in den USA noch heute üblich. Von den Durchschnittswissenschaftlern nannten sich 1914 40 Prozent gläubig, von den Spitzenwissenschaftlern 30 Prozent. In den 90er Jahren des letzten Jahrhunderts wurde die Umfrage wiederholt. Von den Durchschnittsnaturwissenschaftlern bezeichneten sich diesmal 30 Prozent als gläubig, von den Spitzennaturwissenschaftlern nur noch 7 Prozent. Im Gegensatz zur Gesamtbevölkerung, von der sich 93 Prozent als gläubig bezeichneten.

Was hat es mit den berühmten Physikern des 20. Jahrhundert auf sich, die von den Religionen als Werbeträger benutzt wurden und werden? Waren nicht alle Väter der Quanten- und Astrophysik, wie Albert Einstein, Werner Heisenberg, Niels Bohr und Max Planck religiös?

Weil Albert Einstein einmal in einem Brief schrieb, Gott würfele nicht, glauben die meisten, er wäre religiös gewesen. Gläubige sehen sich durch jemand in ihrem Glauben bestätigt, von dem sie annehmen, dass er mehr über Gottes Schöpfung verstand als sonst ein Mensch. Einstein war nicht religiös, in Bezug auf die Frage nach Gott war er Agnostiker, das heißt, er war sich klar, dass er nicht wusste, ob so etwas wie ein Gott existierte. Manchmal ließ er sich allerdings zu pantheistischen Schwelgereien hinreißen.

Die meisten Wissenschaftler des 19. Jahrhunderts und die der ersten Hälfte des 20. Jahrhunderts sind religiös erzogen worden. Wie wir gesehen haben, braucht es nicht nur rationale Einsichten, um diese Erziehung abzustreifen, sondern auch eine enorme psychische Kraft. Wissenschaftler, die sie nicht aufbrachten, spalteten ihr Weltbild in ein wissenschaftliches Werktags- und ein religiöses Sonntagsdenken (viele machen das heute noch). Das Sonntagsdenken blendete bei Bedarf das Werktagsdenken aus. Dass allerdings viel mehr Wissenschaftler als Nichtwissenschaftler die Kraft aufbrachten, dem Sonntagsdenken zu entsagen, zeigen die schon zitierten Umfragen.

Glaube als ein Geschenk Gottes

Ich meine, die Überzeugung, der Glaube an Gott sei ein Geschenk desselben, ist eine absurde und eine überhebliche Idee und Ausdruck einer großen Angst: Absurd ist die Idee, weil von einem Wesen, dessen Existenz fraglich ist, niemand wissen kann, ob es uns ein Geschenk gemacht hat. Überheblich ist sie, weil sich der Gläubige selbst zu einer besonderen, einer auserwählten Gruppe von Menschen rechnet. Die Angst, die hinter der Geschenkidee steckt, habe ich schon genannt: Jede Art von Zweifel und Kritik am Vater löst Angst vor Strafe aus.

●●● Fazit: Gott oder Götter sind idealtypische Figuren der mythischen Erzählungen der Menschheit, eine Spiegelung der Familie und der Gesellschaft, in denen die Menschen lebten. Die Gebote dieser verinnerlichten Wesen sind Teil des Gewissens, des Über-Ichs, geworden und beherrschen damit auch das Leben des erwachsenen Menschen. ●●●●●●●●●●●●●●●●●●●●●●●●●●●

Der Hauptgrund, warum es Erwachsenen schwer fällt, sich vom religiösen Glauben zu befreien, liegt in der frühkindlichen Verankerung des Glaubens in der Gefühlswelt. Die Folgen sind:

1. Es wird als selbstverständlich betrachtet, gläubig zu sein.
2. Es wird als selbstverständlich betrachtet, dass die (eigene) religiöse Weltsicht die wahre Weltsicht ist. Hinterfragungen werden blockiert.
3. Zweifel und Kritik lösen verschiedene Ängste aus, so
   a) die Angst von übernatürlichen Wesen bestraft zu werden,
   b) die Angst, ohne die Zufluchtsmöglichkeit zu übernatürlichen Wesen einen wichtigen psychischen Halt zu verlieren,

c) die Angst, sozial ausgegrenzt zu werden, die Familie, Gruppe, Heimat zu verlieren.

15. Das Herz und nicht die Vernunft nimmt Gott wahr

●●● Behauptung: Blaise Pascal (1623-1662) wusste: „Das Herz und nicht die Vernunft nimmt Gott wahr. Das heißt glauben." Er formulierte mit diesen Worten eine große Wahrheit: Glaube ist eine Sache. Vernunft und Verstand sind eine ganz andere, liegen auf einer anderen Ebene, reichen an den Glauben nicht heran. In diesem Sinne sagte schon Thomas von Aquin (1225-1274) in seiner *Summe gegen die Heiden* I 7,42: „Der Glaube nämlich vermag auch das zu erfassen, was sich der Vernunft versagt; denn die Wahrheit des christlichen Glaubens geht über die Fähigkeit der menschlichen Vernunft hinaus." ●●●●●●●●●●●●●●●●●●●●●●●●●●●●●●●

Man glaubt – und damit hat es sich!

Noch radikaler als Thomas fasste Martin Luther (1483-1546), der Gründer des Protestantismus, das Verhältnis von Glaube und Vernunft. Für ihn schien Religion völlig unvernünftig zu sein, denn sonst gibt sein Wort keinen Sinn: „Wer Christ sein will, der steche seiner Vernunft die Augen aus."

Manche Gläubige sind der Ansicht, der Gläubige glaubt und damit hat es sich. Ihm Widersprüche und Irrationalität nachzuweisen, verfehle das Wesen des Glaubens, dieser entziehe sich der rational-logischen Sphäre. Sie meinen auch, Wahrheit sei eine innere Angelegenheit, sie hänge ganz von den persönlichen Erfahrungen ab. Deshalb kann nur, wer glaubt, Gott erkennen. Um ihm zu begegnen sei ein Glaubenssprung nötig. Ein Sprung, mit dem wir den sicheren Boden von Vernunft und Wissen verlassen. Wer diesen Sprung nicht macht, weiß nicht, was Glauben ist und hat folglich auch keinen Grund zum Glauben.

Diese Einstellung – der Glaube ist und muss von rationalen Argumenten unabhängig sein – wird Fideismus genannt. Das Wort kommt vom lateinischen *fides*, welches Glaube bedeutet.

„Gott sei weder beweisbar noch widerlegbar – genau deshalb sei er ja eine Sache des Glaubens", geben der Wissenschaftsjournalist Rüdiger Vaas und der Religionsphilosoph Michael Blume diese Einstellung wieder. Sie fahren allerdings mit dem Einwand fort, dass „doch auch persönliche Erfahrungen nicht im luftleeren Raum" gedeihen, sie haben immer einen Bezug zur Realität und dieser muss geprüft werden, sonst könnten sie „nur als irrationaler Sprung oder gar Geistesverwirrung erscheinen".[34] Damit der Glaube „geerdet" sein kann, lassen sich Fragen nach den Gründen des Glaubens und der richtigen Deutung von Erfahrungen nicht umgehen.

Vernunft ist kalt

Eine weitere beliebte Strategie, den Glauben über der Vernunft anzusiedeln, besteht darin, alles, was an modernen Gesellschaften unbeliebt, ist der Vernunft anzulasten. Man zeichnet ein Zerrbild der Vernunft, indem man sie mit negativ besetzten Begriffen koppelt, wie kalte Technik, Machbarkeitswahn, Rationalisierung, verengende naturwissenschaftliche Sichtweise und ähnlichem. Der Deutlichkeit halber sei gesagt: Es gibt kein Ding namens Vernunft, es gibt nur die Fähigkeit und den Willen vernünftig zu denken und zu handeln, und das heißt, nach guten Gründe für Überzeugungen und Handlungen zu suchen. Gleichgültig ob diese Überzeugungen technische, politische, ökologische, soziale oder religiöse Dinge betreffen. Es macht auch keinen inhaltlichen Sinn, den Begriff der Vernunft mit von Gläubigen positiv besetzen Begriffen zu koppeln, wie es der Theologe Joseph Ratzinger gerne machte. So sei Gott der „rationale Urgrund alles Wirklichen", die „schöpferische Vernunft, aus der die Welt entstand und die sich in der Welt spiegelt". Rationaler Urgrund, schöpferische Vernunft, das klingt gut, widerspricht aber dem „Wesen der Vernunft", um auch einmal vernebelnd abstrakt mit diesem Begriff umzugehen. Peter Henkel weist darauf hin: Vernünftig zu argumentieren, heißt gerade nicht spekulative Setzungen zu benutzen und so zu tun, als seien sie unumstößliche Tatsachen. Dass Gott rationaler Urgrund und schöpferische Vernunft sein soll, sind völlig aus der Luft gegriffene Behauptungen, die noch dazu nicht besonders sinnvoll sind. Was wäre ein irrationaler Urgrund alles Wirklichen? Und wie und wo spiegelt sich in der Welt göttliche Vernunft?

Vernunft und Offenbarung

Fideisten, Gläubige, die vernünftige Argumente für oder gegen ihren Glauben ablehnen, müssen sich den Vorwurf gefallen lassen, irrationale Diskussionsverweigerer zu sein, die sich, bewusst oder unbewusst, mit religiösen Fundamentalisten und Terroristen in ein Boot setzen.

Deshalb versuchen manche Gläubige, besonders Theologen, einen Mittelweg zwischen Fideismus und Rationalismus zu finden.

Religiöse Rationalisten sind der Meinung, auch für religiöse Überzeugungen sollte es vernünftige Gründe geben. Die mittelalterliche christliche Theologie, die sogenannte Scholastik, wird als das Projekt einer Harmonisierung von Glaube und Vernunft bezeichnet. Der berühmteste Harmonisierungstheologe war der Dominikaner Thomas von Aquin.

Für Thomas muss der Glaube mit der Vernunft übereinstimmen. Wir würden heute sagen, die Glaubensüberzeugungen müssen rational begründet sein. Thomas' Unternehmen kann man als den Versuch verstehen, die christlichen Glaubensüberzeugungen vernunftkompatibel zu machen. Unvernünftige Überzeugungen lehnt Thomas ab. Seine Verbindung von Rationalismus und Fideismus lautete: Bestimmte religiöse Lehren, wie die Existenz Gottes, lassen sich mit der natürlichen Vernunft einsehen, aber nicht „höhere" christliche Glaubenswahrheiten. Sie erfordern einen Sprung in den Glauben. Im Lichte einer „übernatürlichen Vernunft" werden sich seine Inhalte dem Gläubigen als absolut wahr erweisen.

Thomas unterscheidet also zwischen natürlicher und übernatürlicher Vernunft. Die natürliche Vernunft besitzt jeder Mensch, mit ihr können wir sehr viele Dinge in der Welt erkennen. Für Thomas ist die natürliche Vernunft so leistungsstark, dass wir mit ihr sogar die Existenz Gottes erkennen und beweisen können. Wir können, so Thomas, mit der Vernunft auch erkennen, dass Gott die Welt erschaffen hat und sogar, dass sie gut ist. Nicht mit der natürlichen Vernunft beweisbar und erkennbar sind die „Geheimnisse" des christlichen Glaubens, beispielsweise die Trinität und die Inkarnation, die Menschwerdung Gottes, die Eucharistie und die Opfertodlehre. Sie müssen geglaubt werden und beweisen sich dadurch der übernatürlichen Vernunft.[35] Wegen dieses simplen definitorischen Tricks behaupten nun Theologen, der christliche Glaube enthalte nichts vernunftwidriges, sondern etwas die natürliche Vernunft übersteigendes, etwas übernatürlich Vernünftiges. Man kann sagen, Thomas löste die Probleme der Theologie, indem er die Vorsilbe *un-* durch die Vorsilbe *über-* ersetzte: Alles was unlogisch und unsinnig ist, ist eigentlich überlogisch und übervernünftig.

Auch durch Offenbarungen im Sinne von mystischen Erleuchtungserlebnissen sollen höhere Glaubenswahrheiten einsichtig werden. In diesen Erlebnissen teilen übernatürliche Wesen oder Kräfte dem Gläubigen geheimnisvolle Glaubenswahrheiten mit. Geheimnisvoll sind diese Wahrheiten deshalb, weil der Erleuchtete oft selbst nicht fähig ist, sie verständlich zu formulieren (was genau genommen heißt, er weiß nicht, was er „weiß"). Christen erfahren bei Offenbarungen manchmal auch Weltuntergangstermine, die sich aber bisher alle als falsch herausstellten.

Was glaubt der Gläubige, der glaubt, es gäbe ein Wesen, welches Menschen zu ewiger Folter verurteilt, zugleich aber sei dieses Wesen nicht nur das allergütigste Wesen im Universum, sondern allgütig? Wir glauben, der Gläubige weiß nicht, was er da glaubt, er spricht Inhalte nach, die er nicht wirklich versteht. Etwas, das „übervernünftig" ist, verstehen wir nicht wirklich. Man kann auch nicht an etwas glauben, was man nicht versteht, weil man dann nicht weiß, was man da glaubt. Aber es ist einfach, Unverstandenes nachzuplappern.

Und wie soll ein Gläubiger wissen, dass speziell die übervernünftigen Glaubensinhalte *seiner* Religion wahr sind, wenn er weder diese Inhalte noch die einer anderen versteht? Weil es ihm das Gefühl, das Herz, die Intuition sagt? Aber auch die Gefühle und Intuitionen von Gläubigen anderer Religionen reden viel, wenn die Not groß ist. Gefühle lösen ständig Urteile in uns aus, viele sind richtig, aber eben nicht alle. Ob sie wahr sind, müssen wir an der Wirklichkeit überprüfen.

Der Zen-Buddhismus ist das Paradebeispiel für eine Religion, die behauptet, ihre Wahrheit sei nicht mit den Mitteln der Vernunft begreifbar, sie sei es nur durch einen großen Sprung, durch eine große Erleuchtung. Wenn der Zen-Buddhismus und mit ihm der Buddhismus wahr ist, dann kann das Christentum nicht wahr sein, auch wenn viele Christen das nicht wahrhaben wollen. Wenn der Zen-Buddhismus wahr ist, dann gibt es keine Dinge, die ewig existieren, keine Seele, keinen Jesus, keinen Gott, keine Körper, die sich ewig in einem Paradies verlustieren. Wenn der Zen-Buddhismus wahr ist, dann gilt: *All things must pass*, einschließlich Jesus und Götter. Die Erleuchtung besteht in der psychischen Realisierung dieser Einsicht, in der Durchbrechung der psychischen Blockaden, die sich gegen diese Einsicht stemmen.

Im Zen-Buddhismus erkennt das „Herz" die Wahrheit der Vergänglichkeit. Christen klammern sich, aus der Sicht des Zen-Buddhismus, an kindliche Fantasien, so an den großen Bruder Jesus, der sie immer und überall beschützt und sie im Paradies empfängt. Christen können, aus der Sicht des Zen-Buddhismus, nicht wirklich loslassen, sind nicht bereit, ihr Ego und den mit ihm verklammerten Egoismus wirklich aufzugeben. Welche der übervernünftigen Wahrheiten ist nun wahr, die des Zen-Buddhismus oder die des Christentums?

Aber: Weder der Zen-Buddhismus noch das Christentum noch irgendeine andere Religion ist *über*vernünftig, sie sind einfach in weiten Teilen *un*vernünftig. Sie verfügen über keine übervernünftigen Überzeugungen, weil es übervernünftige Überzeugungen nicht gibt. Es gibt nur *unvernünftige* und *unverständliche*, zu letzteren zählen auch unlogische.[36]

Warum Menschen Angst vor der Vernunft haben

Der Biologe Andreas Kilian macht darauf aufmerksam, dass Wissenschaft die Angst vor Unbekanntem und Unbegreiflichem mindert, indem sie Wissenslücken durch Forschung verkleinert. Aber sie kann nicht alle Lücken schließen. Religion füllt Lücken schnell und komplett mit einer übernatürlichen Erklärung. Viele religiöse Menschen wollen von Wissenschaften, Logik, Vernunft nichts hören, weil sie spüren, dass diese ihnen das Sicherheitsgefühl nicht geben können, welches ihnen ihre übernatürlichen Lückenfüller geben. Andere religiöse Menschen koppeln Wissenschaft, Logik, Vernunft von der Religion mehr oder minder komplett ab, um ihr Sicherheits- und Geborgenheitsbedürfnis befriedigen zu können.

Das bekannteste Beispiel für die Abwehr von Vernunft, Logik und Wissenschaften liefern die sogenannten Kreationisten, welche die biblische Schöpfungsgeschichte wörtlich nehmen und behaupten, die Welt wurde ungefähr vor 5000 Jahren von Gott geschaffen und zwar genauso, wie es in der Bibel steht. Hinter der Leugnung der überwältigenden gegenteiligen Fakten steckt vermutlich die Angst, wenn die Schöpfungsgeschichte falsch ist, dann kann auch der Rest der Bibel falsch sein und dann falle ich in ein großes schwarzes Loch.

Aber der Papst wehrt Vernunft, Logik und Wissenschaften genauso ab, nur raffinierter, er verschleiert seine irrationalen Ansichten mit emotionalen Worten. Er behauptet, die katholische Kirche besitze eine höhere Vernunft, verfüge über „Glaubenswahrheiten" (ein Widerspruch in sich), welche sich der „technischen", „kalten" oder „fortschrittsgläubigen" Vernunft nicht erschließen.

Ängste mit dem Glauben an die Hilfe von übernatürlichen Wesen zu dämpfen, ist ein kindliches Reaktionsmuster. Wir alle fallen manchmal in kindliche Reaktionsmuster zurück. Die Frage ist, wie häufig wir das tun und ob wir daraus Forderungen an andere ableiten.

Glaube und Rechtschaffenheit

Eine Leugnung der Gültigkeit der Vernunft und damit auch der Logik besitzt den großen Vorzug, jede Behauptung als Wahrheit ausgeben zu können und wenn es das glatte Gegenteil von dem ist, was man im Satz vorher behauptet hat. Alle Immunisierungstechniken, welche Sekten gegenüber Kritik anwenden, laufen letztlich auf die Leugnung des Widerspruchssatzes hinaus. Für sie gilt: „Widersprüche zählen nicht" und „widersprich mir nicht".

Wer einfach auf einen Sprung verweist, der den anderen das Recht auf Kritik nimmt, kann für alle seine Ansichten und Handlungen behaupten, sie seien der Wahrheit letzter Schluss, weil einer höheren Region entsprungen. Die hochmütige Haltung des Fideismus bietet sich deshalb besonders gut an für Diskussionsverweigerer, Diktatoren, Fundamentalisten und Terroristen.

Wer über seinen Glauben keine kritische Rechenschaft ablegt, ist ein unmündiger, ein unselbstständiger, ein indoktrinierter Mensch, jemand, der sich immer sagen lässt, was er tun und denken soll. Er glaubt entweder aus Gewohnheit und/oder weil er es aus psychischen Gründen benötigt, aber nicht, weil er gute Gründe hat, das heißt Gründe, die in der Realität verankert sind.

Genau genommen kommt der Mensch aber aus dem Anspruch, vernünftig zu sein, gar nicht heraus. Auch derjenige, der die Vernunft ablehnt, gibt Gründe für diese Ablehnung an. In seinen Augen sind es gute Gründe, sonst würde er ihnen ja nicht Folge leisten. Aber dabei hat er getan, was er ablehnte, nämlich versucht, vernünftig zu argumentieren.

Glaube ist zwar nicht vernünftig zu begründen, aber nützlich

Ein beliebte Strategie Gläubiger, dem Vorwurf der Unlogik und Unvernunft ihres Glaubens zu begegnen, ist der Verweis auf seine Nützlichkeit, seinen Wellnesseffekt.

Auch christliche Würdenträger argumentieren damit, dass sich der Glaube positiv auf das Leben auswirke, deshalb sei es gar nicht notwendig, sich „um die Begründbarkeit oder Rationalität des Gottesglaubens" zu bemühen. „Wenn Menschen zu Gott beteten und sich dabei wohlfühlten, so sei dies doch nur zu begrüßen."[37] So fasst der Philosoph Norbert Hoerster diese Begründung zusammen.

Ob die christlichen Würdenträger auch noch mit der Nützlichkeit des Glaubens argumentieren würden, wenn ihre Schäflein immer häufiger Buddha, Krishna oder Allah für nützlicher als Jesus halten würden? Dass der Glaube vielen Menschen nicht geholfen, sondern im Gegenteil ihr Leben zerstört hat, wird bei dieser Argumentation völlig unterschlagen.

Letztlich ist die Frage nach dem Verhältnis von Glauben und Wissen keine psychologische, sondern eine philosophische. Sie meint: „Ist religiöser Glaube rational vertretbar oder steht er zu unserem Wissen im Widerspruch? Und die

Antwort darauf ist unabhängig davon, wie viele Menschen religiös sind und wie diese Menschen zum Glauben gelangt sind. Und sie ist ebenfalls unabhängig davon, wie viele Menschen *nicht* zum Glauben gelangt sind. Im Prinzip kann religiöser Unglaube ebenso unvernünftig sein wie religiöser Glaube."[38] So Norbert Hoerster.

●●● Fazit: Gläubige, die meinen, ihr Glaube sei durch ihre Gefühle bewahrheitet, verdrängen die Tatsache, dass sich Gefühle oft „irren". Allein die vielen Andersgläubigen beweisen das.

Gläubige, die behaupten, ihr Glaube sei nicht mit der Vernunft vereinbar oder entziehe sich ihr, weil er übervernünftig sei, haben kein Recht, *mit Verweis auf ihren Glauben* anderen Menschen irgendwelche Vorschriften zu machen. Ihre Aussagen sind unüberprüfbar und letztlich beliebig. Mit der fideistischen Position haben sich Gläubige das Recht auf Teilnahme an gesellschaftlichen Diskussionen entzogen, denn diese müssen immer mit prinzipiell einsichtigen Argumenten geführt werden. ●

16. Dass Gott der menschlichen Fantasie entsprungen sein könnte, beweist nicht, dass es keinen gibt

●●● Behauptung: Es ist durchaus möglich, dass die Vorstellungen von Gott und vom Jenseits der menschlichen Fantasie entsprungen sind, dass sie Projektionen irdischer Verhältnisse in jenseitige sind. Aber selbst wenn dem so wäre, beweist das nicht, dass es keinen Gott oder kein Jenseits gibt. Wünsche oder Ängste zu haben, beweist nicht, dass es das Gewünschte oder das Gefürchtete nicht gibt. ●●●●●●●●●●●●●●●●●●●●●●●●●●

Alle in diesem Buch von mir vorgebrachten Erklärungen über die Herkunft der Vorstellungen über das Jenseits und seine Bewohner fallen unter die Projektionstheorie. Alle diese Erklärungen laufen nämlich auf die Behauptung hinaus, dass sie vom Menschen geschaffene und in ein imaginiertes Jenseits projizierte Fantasien sind. Das, so der Standardeinwand vieler Theologen, beweist aber nicht, dass es das Fantasierte nicht gibt.

Der Projektionsverdacht gegenüber der Religion taucht schon bei dem griechischen Philosophen Xenophanes (6. Jahrhundert v.u.Z.) auf, schon er meint, die Menschen würden sich die Götter nach ihrem Ebenbild vorstellen, sie vermenschlichen (anthropomorphisieren). Der Philosoph Herbert Schnädelbach nennt es „das wohl schlagkräftigste religionskritische Argument".[39]

Das vorgebrachte Argument gegen die Projektionstheorie wird auch das Genesis-Geltungs-Argument genannt. Demnach besagt die Erklärung, wie eine Überzeugung zustande kommt, ihre Genesis, nichts über ihre Wahrheit, ihre Geltung. Dass beispielsweise mein Glaube an helfende Heinzelmännchen nur meinem Wunsch entspringt, heißt noch nicht, dass es keine Heinzelmännchen gibt. Die Projektionstheorie könnte also wahr sein, der *Glaube* an jenseitige Sphären, Geister und Götter könnte tatsächlich nur einer Mischung aus Wünschen, Ängsten und falschen Erklärungsversuchen der Welt entspringen und trotzdem könnten transzendente Sphären, Geister und Götter existieren. Die Menschen würden dann aus falschen Gründen an die richtigen Dinge glauben.

Die Entstehung einer Sache sagt tatsächlich nicht unbedingt etwas über ihre Gültigkeit, Wahrheit oder Wertigkeit aus. Eine philosophische oder naturwissenschaftliche Theorie wird nicht dadurch falsch, weil ihre Erfinder psychische Probleme hatten. Die Werke eines Künstlers werden nicht dadurch schlechter, weil wir erfahren, dass er ein durch und durch schlechter Mensch war. Aber die Kenntnis der psychischen Probleme und moralischen Schwächen dieser Menschen verrät uns oft etwas über die Gründe ihrer Themenwahl und der Gestaltung ihrer Themen.

Der Einwand der Theologen ist richtig: Die Projektionstheorie kann nicht sicher beweisen, dass das Projektierte, etwa Gott oder Engel, nicht existiert. Aber man kann von keinem Ding auf der Welt mit endgültiger Sicherheit beweisen, dass es nicht existiert. Wir können einfach nicht wissen, was es alles gibt.

Jedoch gibt es einen erheblichen Unterschied zwischen meinem Wunsch nach einer Tafel Schokolade und meinem Wunsch nach Heinzelmännchen. Ich weiß, dass mein Wunsch nach Schokolade eine reale Grundlage hat, ich habe schon ungezählte Tafeln gegessen. Heinzelmännchen habe ich aber noch nie gesehen und noch nie hat mir jemand in der Nacht meine Wohnung aufgeräumt. Es gibt auch einen erheblichen Unterschied zwischen dem Vorwurf, philosophische oder naturwissenschaftliche Theorien seien vor allem Ausdruck bestimmter psychischer Probleme ihrer Schöpfer, und dem Verdacht, religiöse Erklärungen beruhten hauptsächlich auf Projektionen der menschlichen Psyche in die Umwelt: Wissenschaftliche Theorien müssen sich praktisch und logisch überprüfen lassen, fallen sie durch diese Prüfungen, werden sie verworfen, gleichgültig, was die Ursachen ihrer Entstehung waren. Theorien, welche absolut nicht überprüft werden können, gelten höchstens als Hypothesen. Erst wenn es Beweise für ihre Wahrheit gibt, werden sie als wahr anerkannt.

Die grundlegenden religiöse Behauptungen lassen sich nicht überprüfen und sind voller Widersprüche, trotzdem gelten sie für die meisten Gläubigen nicht als Hypothesen, sondern als so starke Gewissheiten, dass sie sogar von Nichtgläubigen verlangen, nach ihnen zu leben.

Dort, wo sich religiöse Aussagen überprüfen lassen, Beispiel Weltuntergangsvorhersagen, wurden sie bisher immer widerlegt. Keine natürliche oder wissenschaftliche Erklärung für irgendein Phänomen würde bei so vielen Fehlern noch ernst genomen.

Wenn ich auf eine natürliche Weise erklären kann, was Regen ist und warum es regnet, warum soll ich dann noch annehmen, ein spezieller Geist würde es regnen lassen? Und warum soll ich glauben, der Regen muss, neben materiellen Substanzen, auch noch aus einer geistigen Substanz bestehen? Die beste Erklärung für religiöse Phänomene ist die Projektionstheorie, denn alle anderen Theorien beruhen entweder auf unbewiesenen, unwahrscheinlichen und / oder auf überflüssigen Annahmen.

Die Projektionstheorie überzeugt, weil keine andere Theorie so plausibel erklärt, warum unsere frühen Vorfahren über Zehntausende von Jahren an Geister glaubten, warum sie genau die Mythen schufen, die sie schufen, warum sie an Götter glaubten, als sie größere Gemeinschaften bildeten und warum ihre Jenseitsvorstellungen immer ihren jeweiligen Lebensverhältnissen entsprachen. Die Projektionstheorie abzulehnen, weil es theoretisch das Projektierte (Geister, Götter, Gott) geben könnte, wäre so, als würden wir die Physik ablehnen, weil es theoretisch uns völlig unbekannte Kräfte geben könnte, so dass alle unsere physikalischen Gesetze auf einer Fehlinterpretation beruhen. Solange niemand solche Kräfte gezeigt hat, ist es unvernünftig und sinnlos, auf eine solche Möglichkeit zu bauen. Wer eine Theorie ablehnt, nur weil es theoretisch ganz anders sein könnte, der kann keine Wissensgründe haben, sondern nur psychische.

Der Philosoph Franz von Kutschera macht auf ein weiteres Argument für die Richtigkeit der Projektionstheorie aufmerksam: Anhänger monotheistischer Religionen müssen erklären, wie Anhänger polytheistischer Religionen zu ihrem Glauben gekommen sind, warum sie also an viele Götter glauben.[40] Warum glauben alle Menschen, die nie etwas vom monotheistischen Gott hörten, an Geister und Götter, wenn es solche gar nicht gibt, wie die Monotheisten und Atheisten behaupten? Umgekehrt würde natürlich auch gelten, Anhänger polytheistischer Religionen müssen erklären, wie Anhänger monotheistischer Religion zu ihrem Glauben gekommen sind, wenn es doch viele Götter gibt? Gleichgültig von welcher Richtung diese Erklärungen stattfinden: Plausibel ist immer nur die Projektionstheorie.

●●● Fazit: Wenn eine Theorie alle ihre Gegenstände erklären kann, keine Gründe für andere Erklärungen ersichtlich sind, wenn sie keine Wunder-Argumente benötigt, mit denen Erklärungslücken gefüllt werden müssen, dann ist diese Theorie, hier die Projektionstheorie, die beste und vernünftigste. Sie ist es genau so lange, bis eine bessere auftaucht. ●●●●●●●●●●●●●●●●●●●●

17. Ohne Gott wäre die Entwicklung des Universums und des Lebens nicht möglich gewesen

●●● Behauptung: Wenn die Entwicklung des Universums nur ein ganz klein wenig anders verlaufen wäre als sie verlaufen ist, wäre die Entwicklung des Lebens und damit des Menschen nicht möglich gewesen. Ein göttliches Wesen muss korrigierend eingegriffen haben. ●●●

Nein, auch für die Entwicklung unseres Universums, welche vor ungefähr 13,5 Milliarden Jahren begann, brauchen wir keine übernatürlichen Erklärungen. Für die Naturwissenschaften kann Gott unendlich faul gewesen sein. Das Universum erklärt sich, wie die lebendige Natur, aus den Notwendigkeiten der Anfangsbedingungen. Wobei die Entwicklung nicht feststand, sondern das Ergebnis eines „darwinistischen" Zusammenspiels von Zufall und Notwendigkeit war: was zufällig besser funktionierte, blieb notwendigerweise übrig. Es mussten unwahrscheinlich viele Dinge zusammenkommen, damit in diesem Universum Leben entstehen konnte. Kleinste Veränderungen in der Entwicklung hätten es für immer verhindern können. Deshalb behaupten manche, Gott habe für die Feinabstimmung der Entwicklung des Universums gesorgt. Aber eine solche war nicht nötig. Peter Henkel zeigt das durch eine einfache Wahrscheinlichkeitsüberlegung. Obwohl die Wahrscheinlichkeit, dass ich einen 6er im Lotto tippe, 1 zu 14 Millionen ist, tippt beinahe jede Woche ein Bundesbürger einen 6er. Der Grund ist die hohe Zahl der Mitspieler, dadurch werden fast alle möglichen Zahlenkombinationen getippt. Die Zahl der Mitspieler bei der Lotterie Leben ist wesentlich höher als die der Lottospieler in der Bundesrepublik Deutschland. Die Mitspieler sind in diesem Fall die Himmelsköper auf denen die Kombinationen zusammentreffen können, aus denen sich Leben bildet. Allein in unserer Galaxie soll es 100 Milliarden Himmelskörper geben und unser Universum soll wiederum 100 Milliarden Galaxien enthalten. Das „Experimentierfeld" für die Entstehung des Lebens ist also unvorstellbar groß und damit ist auch die Wahrscheinlichkeit sehr groß, dass „6 Richtige gezogen werden", dass sich Leben entwickelt.[41]

Aber wie sieht es mit der Existenz der Welt an sich aus? Auch wenn Gott, nachdem er die Welt geschaffen hatte, unendlich faul sein konnte, es muss doch jemanden gegeben haben, der, bildlich gesprochen, den Urknall zündete?

18. Nur die Religion gibt Antwort auf die Frage, warum die Welt überhaupt ist

●●● Behauptung: Die größten Wissenschaftler und Philosophen können das Wunder aller Wunder nicht erklären: warum überhaupt etwas ist, warum nicht nichts ist? Die Antwort kann nur lauten: weil Gott alles geschaffen hat. ●●●●●●●●●●●●●●●●●●●●●●●●●●●●●●●●

Gott und die Erschaffung der Welt aus dem Nichts

Von Thomas von Aquin stammt folgende Überlegung: Aus nichts kann nichts werden. Der Kosmos ist. Irgendjemand muss den Kosmos geschaffen haben. Diesen jemand nennen wir Gott.

Für ihn war diese Überlegung ein Gottesbeweis. Er wird der kosmologische Beweis genannt.

Aber wenn Gott die Welt aus dem Nichts geschaffen hätte, dann wäre kein Nichts gewesen, denn dann wäre ja Gott gewesen. Gott wäre auch etwas und wir könnten erneut fragen: Warum ist Gott? Wer hat ihn geschaffen? Das kosmologische Argument eröffnet einen sogenannten infiniten Regress, die Möglichkeit, unendlich weiter zu fragen. Können wir ihn durch folgende Behauptung stoppen?

●●● Behauptung: Gott ist das Ungeschaffene, das was immer war und ist. Dieses Ungeschaffene muss etwas rein geistiges, körperloses sein, im Gegensatz zum vierdimensionalen Universum, welches aus Materie besteht. ●●●●●●●●●●●●●●●●●●●●●●●●●●●●●

Wenn Gott ein rein geistiges, körperloses Wesen ist, wie sollte es Materie aus dem Nichts schaffen? Norbert Hoerster meint zu dieser Spekulation: „Ist die Vorstellung, dass ein rein geistiges Wesen etwas Materielles wie die Welt erschafft, ohne dass diesem Wesen zu diesem Zweck schon *irgendeine* Materie zur Verfügung steht, nicht äußerst mysteriös? Und ist diese Vorstellung deshalb im Grunde nicht vielleicht noch schwerer nachvollziehbar als die Vorstellung, dass das Universum selbst schon immer existiert hat, womit die Hypothese eines Schöpfergottes überflüssig wird?"[42]

Schaffen wir den Dualismus von Gott und Materie ab, behaupten wir, sie sind ein und dasselbe, haben wir aber wieder keine Antwort auf die Frage, warum dieser Geist-Materie-Stoff, dieses Etwas, ist.

Hoerster fragt auch, wieso wir so selbstverständlich annehmen, dass es nur einen Gott gibt? Warum sollen nicht mehrere übernatürliche Wesen „sich das Projekt der Erschaffung bzw. Gestaltung der Welt geteilt haben?"[43] Es spricht prinzipiell nichts gegen einen Polytheismus oder gegen die Annahme „eines mit dem materiellen Universum eine Einheit bildenden geistigen Ordnungs- und Lenkungsprinzips".[44]

Aber alle diese Möglichkeiten sind keine Antworten auf die Frage, warum überhaupt etwas ist. Gott ist keine Antwort, weil auch er etwas ist. Das Wort Gott fungiert hier wieder einmal als Erklärungslückenfüller.

Manche Theologen versuchen die Schwierigkeiten, die sich mit der Vorstellung eines Schöpfergottes, eines Kreators, ergeben, dadurch aus dem Weg zu räumen, dass sie einen Gott behaupten, der weder die Welt geschaffen hat, noch außerhalb der Welt existiert, noch in sie eingreift. Das glaubt auch der zeitgenössische evangelische Theologe Mathias Kroeger.[45] In der Bibel wird allerdings eindeutig behauptet, dass Gott Schöpfer dieser Welt war und häufig in das Weltgeschehen eingegriffen hat.

Was bedeutet es, dass die Frage nach der Entstehung der Welt nicht beantwortet werden kann?

Wir können die Möglichkeit, dass ein unbegreifliches Etwas diese Welt geschaffen hat, nicht ausschließen. Diese Frage formuliert tatsächlich das Wunder aller Wunder, vielleicht das einzige wirkliche Wunder. Und vielleicht ist diese Frage prinzipiell nicht zu beantworten. Es kann aber auch sein, dass wir die Frage falsch stellen oder die Wörter nicht richtig verstehen, die in der Frage enthalten sind. Vielleicht verstehen wir noch nicht richtig, was es mit *Raum* und *Zeit* und *erschaffen* auf sich hat. Möglich ist auch, dass die Frage völlig unsinnig ist, beispielsweise weil man keinem Ding ein Nichts gegenüberstellen kann. Nichts ist einfach nicht.

Wie schon erwähnt, gibt es eine prinzipielle Erkenntnisschranke: Wir können nicht streng beweisen, dass es etwas *nicht* gibt, also kann es auch Gott geben.

Das bedeutet: Zwei Erkenntnisschwierigkeiten halten die Möglichkeit offen, dass es so etwas wie einen großen Geist, Gott oder Götter gibt oder auch nur eine unbekannte Energie mit seltsamen Eigenschaften:

Erstens, dass wir mit der Frage nicht klar kommen, warum überhaupt etwas ist, und zweitens, dass wir nicht wissen können, was es alles in dieser Welt gibt.

Wie hoch die Wahrscheinlichkeit ist, dass es so etwas wie einen geistigen Ursprung des Universums gibt, kann wohl nicht ermittelt werden, aber die Wahrscheinlichkeit, dass es übernatürliche Wesen, Geister, Götter oder einen Gott von der Art gibt, *wie von den Religionen behauptet*, halte ich für gleich Null. Sie sind einfach allzu menschlich.

Die Irgendetwas-Gibt-Es-Religion

Bedeutet die Unmöglichkeit, definitiv die Frage zu beantworten, ob es so etwas wie Gott gibt, dass es vernünftig wäre, Anhänger einer Irgendetwas-Gibt-Es-Religion zu werden? Der französische Philosoph und Religionskritiker Michel Onfray meint, die Irgendetwas-Gibt-Es-Religion habe in den westlichen Ländern inzwischen am meisten Anhänger. Die herkömmlichen Gottesvorstellungen seien ihnen zu unglaubwürdig, mit Kirchen und Sekten hätten sie nichts am Hut, sie wollen modern, aber trotzdem irgendwie religiös sein.

Sollten und könnten wir etwas verehren, von dem wir nicht wissen, ob es dieses Etwas gibt und welche Eigenschaften es eventuell besitzt? Sollten und könnten wir etwas verehren, von dem wir nicht wissen, was es von uns will und was wir von ihm zu hoffen und zu befürchten haben? Eine Irgendetwas-Religion müsste auf Vieles verzichten, was für die meisten Menschen eine Religion erst interessant macht. Wir sind aber nicht der Meinung von Michel Onfray, dass eine solche Religion unmöglich ist, dass sie keine der sogenannten religiösen Bedürfnisse von Anhängern befriedigen könnte, die urmenschlichen Bedürfnisse nach Schutz, Geborgenheit, Anerkennung und Liebe. Man könnte schon zu einem Irgendetwas beten, wenn auch immer unter gedachten oder formulierten Vorbehalten. Ein Gebet könnte etwa lauten: Irgendetwas! Ich weiß zwar nicht, ob es dich gibt und ob du mich hörst, ob du mir oder den Menschen hilfst, aber wenn es dich gibt und du dich für mich interessierst, dann bitte ich dich um x, y und z. Oder: Dann danke ich dir für x, y und z (auch wenn ich nicht weiß, ob ich Grund zum Dank habe).

Schwieriger ist es schon, sich vorzustellen, dem Irgendetwas Altäre oder sogar Kirchen zu bauen und noch schwieriger ist es, sich Priester eines Irgendetwas vorzustellen. Was sollen sie predigen? Ehrlicherweise könnten sie niemanden irgendetwas über dieses eventuelle Irgendetwas sagen. Die Priester und sonstigen Anhänger könnten von keinem Menschen im Namen dieses Irgendetwas irgendetwas fordern. Es wäre ja absurd zu behaupten, das Irgendetwas will, dass du am Freitag kein Fleisch isst, keinen vorehelichen Geschlechtsverkehr ausübst, keinen anderen Gott neben ihm hast usw. usw., wenn diese Priester zugleich wissen, dass sie über dieses Irgendetwas nichts wissen, nicht einmal wissen, ob es überhaupt existiert. Eine Irgendetwas-Religion die ihr Nichtwissen ernst nimmt, müsste völlig konturlos sein, so konturlos wie ihr Gott. Sie hätte es schwer als eine Institution zu existieren, denn als eine solche müsste sie Behauptungen aufstellen, die aus dem Irgendetwas ein bestimmtes Etwas macht.

Unsere Kritik an den Ansprüchen der traditionellen Religionen hat aber deutlich gemacht, dass sie in Wirklichkeit nichts anderes als Irgendetwas-Religionen sind. Sie wissen nämlich nicht, wie ihr Gott beschaffen ist, was er will und verabscheut, sie wissen nicht einmal, ob er existiert, sie behaupten alles nur (dabei verweisen sie auf völlig unglaubwürdige Offenbarungen und widersprüchliche Bücher).

Weil ein Irgendetwas zu unbestimmt ist, lehnen auch traditionell Gläubige das kosmologische Argument als einen Gottesbeweis ab, denn dieser Beweis würde ja nur ein Irgendetwas hinterlassen.

●●● Fazit: Aus der ontologischen Grundfrage, warum gibt es überhaupt etwas, lässt sich kein Argument für die Existenz eines übernatürlichen Wesens ableiten, denn bei jeder Antwort stellt sich die Frage erneut. Die Antwort „Gott" wäre ein willkürlicher Frageabbruch. ●●●

Fazit

Das Leid durch den Glauben

Fast alle bisherigen Zeitalter waren für die Mehrheit der Menschen Zeitalter der Not. Zeitalter, in denen das alltägliche Leben von der Sorge um das tägliche Brot und der Angst vor Krankheiten bestimmt war. Zeitalter, in denen nur Wenige wirklich gut lebten und das meist auf Kosten einer armen Mehrheit. Solche Verhältnisse finden wir auch noch heute in vielen Ländern der Welt.

Aber wir leben in einer Zeit, in der es aufgrund der technischen Errungenschaften und der Kenntnisse wirtschaftlicher und sozialer Zusammenhänge Ausbeutung, Armut und die vielen durch sie verursachten Krankheiten nicht mehr geben müsste. Die politischen und kulturellen Verhältnisse lassen solche Zustände jedoch in vielen Teilen der Welt nicht zu.

Die Großreligionen tragen einen gehörigen Anteil Mitschuld an dieser unwürdigen Situation, denn sie kümmerten sich in den vergangenen Jahrhunderten vor allem um das Wohlergehen ihrer Führungsklasse und das der Herrschenden. Oftmals handelte es sich dabei um ein und dieselbe Klasse. Für die Mehrheit der Untertanen fielen immer nur Brotkrumen von dem reich gedeckten Tisch der Mächtigen ab. Die Großreligionen haben vor allem deshalb Schuld an ausbeuterischen Verhältnissen, weil für sie Religion und Gehorsam identisch waren.

Seit Jahrtausenden gibt es Religion. Seit Jahrtausenden gibt es Ausbeutung, Ungerechtigkeit, hohe Sterblichkeitsraten, Hunger und Kriege. Es spricht viel mehr dafür, dass die Religionen Kriege, Folter, Mord und sonstige Gräueltaten förderten, als sie zu verhindern. Die rigide Gehorsamsideologie, mit welcher die Großreligionen das Bewusstsein der Untertanen indoktrinierten, war sicher der wichtigste Grund dafür. Wer lässt sich besser ausbeuten und notfalls in Kriege schicken als ein willenloser Diener, der glaubt, er sei nichts und sein Herr alles?

Die Religionen trugen auch Mitschuld an dem Elend in der Welt, weil sie wegen ihrer konservativen Grundhaltung die Erforschung der Natur behinderten und häufig verhinderten. So haben die grotesk abergläubischen indischen Religionen, mit ihrer Fixierung auf jenseitige Erlösung und Zementierung der für die Krieger- und Priesterschaft so angenehmen Kastengesellschaft, für eine stetige Lähmung der materiellen Entwicklung des Landes gesorgt. Ebenso die islamischen Theologen durch ihre Fixierung auf den Koran, die mitverantwortlich ist für die Rückständigkeit der islamischen Länder.

Auch die christlichen Religionen stellten sich *gegen* den sozialen, politischen und technischen Fortschritt, fast jeder wurde gegen sie erkämpft. Ein kurioses Beispiel, das aber treffend die Einstellung des Christentums zum Fortschritt illustriert: Nach einem bayerischen Kochbuch galt noch im 16. Jahrhundert die Gabel als weibische Modetorheit. „Jenen, die sie benutzten, wurde unterstellt, sie wollten die Geschöpfe Gottes nicht mit der Hand berühren." Die Geistlichkeit verwies darauf, dass „selbst Christus die Speisen mit der Hand zum Mund geführt habe. Der Fürst Monteverdi ließ angeblich für jede Mahlzeit, bei der er eine Gabel gebrauchte, drei Messen lesen."[46]

156

Nicht gezählt werden können die psychischen Schmerzen, welche die religiöse Erziehung durch unsinnige Verbote und Drohungen, durch die Hervorrufung von Schuldgefühlen und Angst verursachten und noch immer verursachen. Religiöse Erziehung war in der Regel eine harte, gnadenlose und zutiefst gespaltene. Prügelstrafe für Kinder war eine Selbstverständlichkeit und wurde mit göttlichem Willen gerechtfertigt. Prügelstrafe ist in den meisten Gesellschaften der Erde noch immer eine Selbstverständlichkeit und keine Religion stellt sich ausdrücklich gegen sie.

Religion erzeugt Ängste, welche es ohne sie nicht geben würde. Die Angst und die Scham, welche die Einbildung der ständigen Überwachung auslösen. Die Angst, von einem Jenseitsgericht verurteilt, die Angst, mit schlechter Wiedergeburt oder Jahrmillionen dauernder Folter bestraft zu werden. Mit Folter drohten die Religionen aber nicht nur für das Jenseits, einen ausgiebigen Vorgeschmack dieser Strafe erhielten viele Menschen auch schon im Diesseits. Eine relativ genau definierbare Gruppe von Menschen, deren Psyche durch die Religion krank gemacht wird, ist die der buchstabengläubigen Homosexuellen.

Der katholische Therapeut Albert Görres wundert sich in seinem Buch *Kennt die Religion den Menschen?*, dass der Glaube seinen gläubigen Patienten so wenig hilft. Dass der Glaube die Probleme verursacht oder mit verursacht haben könnte, wegen der sie ihn aufsuchten, kommt ihm gar nicht in den Sinn. Eine strenge religiöse Erziehung führt notwendig zu Geborgenheitsmangel, Versagens- und Bestrafungsängsten, denn die übernatürlichen Wesen sind in allen Religionen zwiespältige Wesen, Wesen, die immer mit Zuckerbrot und Peitsche arbeiten. Dass der Glaube eine gewisse psychotherapeutische Funktion hat, steht dazu nicht im Widerspruch. Aber wie Placebos nicht alle Krankheiten heilen können, so auch nicht der Glaube. Dass Religionen sich seit einigen Jahrzehnten karitativ engagieren, ist das Mindeste an

Ausgleichsleistungen für die unzähligen Leiden, die sie der Menschheit in den letzten Jahrtausenden zufügten.

Wer glaubt und verlangt, dass mit den Religionen die Probleme der Welt gelöst werden können und müssen, der schafft nur zusätzliche. Seelische Hilfe, die nicht auf religiösen Trost zurückgreifen muss, hat den Vorteil, dass der Helfende nicht auch die negativen Seiten der Religion hinnehmen muss.

●●● Fazit: Religionen haben vermutlich wesentlich mehr zur Verursachung und Vergrößerung des Leids der Menschen beigetragen als zur Leidminderung. Religionen förderten mit ihrer Gehorsamsideologie Ausbeutung und Krieg. Sie unterstützten die Ideologie, Armut und Leid seien selbstverschuldet, entsprächen dem Willen übernatürlicher Wesen. Durch die Behauptungen, übernatürliche Wesen würden helfen, verhinderten sie reale Veränderungen. Pausenlose „Überwachung durch jenseitige Wesen" schürte mehr Scham und Angst vor diesseitigen und jenseitigen Strafen, als der Glaube an ihre Hilfe Wohlbefinden verschaffte. ●●●●●●●●●●●●●●

Toleranz: Das Grundproblem mit der Religion

Das Problem *mit* den Religionen ist heute immer noch gleichbedeutend mit dem Problem der Toleranz, auch wenn Bekenntnisse zu Glaubens- und Gewissensfreiheit inzwischen zum Standardrepertoire verschiedenster Kirchen und Religionen gehören.

Toleranz bedeutet wörtlich Duldung. Im Zusammenhang mit Weltanschauungen ist gemeint, Anschauungen und Handlungen anderer zu dulden, anzuerkennen. In Europa begann der Toleranzgedanke mit der Reformation im 16. Jahrhundert Einzug in das Denken der Menschen und im Laufe der Jahrhunderte auch Einzug in die Staatsverfassungen zu halten. Der Toleranzgedanke wurde als Glaubens- und Gewissensfreiheit zu einem Grundrecht. Glaubens- und Gewissensfreiheit war eine zentrale Forderung der Aufklärung im 17./18. Jahrhundert.

Bei den Geisterreligionen stellte sich das weltanschauliche Toleranzproblem noch nicht, da es in den Gesellschaften der Geisterreligionen keine alternativen Weltdeutungen gab. Erst in den Zeiten der großen Gesellschaften und polytheistischen Religionen tauchte dieses Problem auf. Polytheistische Gesellschaften waren nicht so tolerant, wie heute oftmals behauptet wird. Die Religionspolitik wurde allein von den Interessen der jeweils Herrschenden diktiert. Die Intoleranz in den polytheistischen Gesellschaften erkennt man schon daran, dass ein Volk in der Regel die Religion ihres jeweiligen Herrschers annehmen musste. Extrem intolerant gebärdeten sich die monotheistischen Religionen. Sie zerstörten die Kultur vorangegangener oder alternativer Weltanschauungen und töteten gnadenlos alle, die sich ihren Herrschaftsansprüchen widersetzten.[47]

Intoleranz war für das Christentum ausdrücklich ein positiv besetzter Wert. Intoleranz – und mit ihm verschwistert bedingungsloser Gehorsam – wurde aktiv gepredigt und verteidigt. Noch 1832, ungefähr 1500 Jahre nachdem das Christentum Staatsreligion wurde, sind für Papst Gregor XVI. die Forderungen nach Glaubens- und Gewissensfreiheit „Wahnsinn" und Meinungs- und Pressefreiheit führen zum „Verderben der Kirche und des Staates"; er weist daraufhin, dass schon die Apostel das Verbrennen von Büchern praktizierten und verbietet Katholiken, sich an demokratischen Wahlen zu beteiligen. Und selbstverständlich stellt sich, wer sich „der Obrigkeit entgegenstellt, … auch gegen die Anordnungen Gottes".[49] Die katholische Kirche war übrigens 1965 so großzügig, den Menschen Glaubens- und Gewissensfreiheit zuzugestehen. Dies geschah nach heftigen Debatten am

Ende des Zweiten Vatikanischen Konzils in der „Erklärung zur Religionsfreiheit". Glauben- und Gewissensfreiheit werden seitdem gerne als originär christlich behauptet.

Dass der Geist der Intoleranz noch immer kräftig in den Köpfen der katholischen Kirchenführung spukt, zeigte eine Volksabstimmung auf der europäischen Insel Malta im Mai des Jahres 2011. Zur Wahl stand, ob in diesem Staat nun Ehescheidung erlaubt sein soll. Die katholische Kirche war gegen sie, wie sie auch gegen die Einführung von Kondomen in Irland war und immer überall gegen die Anti-Baby-Pille ist. Gegen Ehescheidung und Anti-Baby-Pille zu sein, ist eine unmenschliche Position, gegen Kondome zu sein, ist angesichts von Aids eine verbrecherische Position. Allein im südlichen Afrika soll es 25 Millionen Aids-Waisen geben. Die Haltung der katholischen Kirche zeigt, dass sie geistig letztlich noch genauso im Mittelalter beheimatet ist wie die islamischen Fundamentalisten. Die Positionierung auf Malta offenbart auch, was für die katholische Kirche Toleranz heute bedeutet, nämlich nichts. Sie will immer noch Menschen, ob sie nun Mitglieder ihres Vereins sind oder nicht, per Gesetz vorschreiben, wie sie zu leben haben.

Toleranz und Macht

Dass Menschen glauben, übernatürliche Wesen haben Gebote erlassen, beschützen sie und helfen ihnen, ist kein Problem, solange diese Menschen nicht der Überzeugung sind, sie müssen anderen Menschen diesen Glauben und diese Gebote aufzwingen.

Tolerant zu sein bedeutet in der Regel, Macht abzugeben. Das ist der Grund, warum alle Menschen eine gewisse Neigung zur Intoleranz haben, gleichgültig ob sie religiös sind oder nicht. Religionen treten immer dort für Toleranz ein, wo sie nicht die Macht haben, ihre Vorstellungen vollkommen durchzusetzen. Tolerante Verhältnisse helfen ihnen ihre intoleranten Anschauungen und Absichten zu verbreiten. Wenn die christlichen, islamischen und sonstigen Religionen aber könnten, wie sie wollten, würden sie sofort ein Abtreibungsverbot erlassen, homosexuelle Partnerschaften, Empfängnisverhütung und Ehescheidungen verbieten, Selbstmord unter Strafe stellen, Sterbehilfe und Stammzellenforschung in jeder Form untersagen und Meinungs- und Pressefreiheit abschaffen und noch viele weitere Freiheiten für die „Untertanen" zurücknehmen.

Religionen würden die Bestrafung von Kritik an der „weltlichen Obrigkeit" befürworten, gleichgültig wie unmenschlich diese wäre, wenn sie nur „kirchenfreundlich" agieren würde. Dafür gibt es genügend Beispiele in Geschichte und Gegenwart.

Überall, wo Religionen an der Macht waren und wo sie wieder an die Macht gelangt sind, gibt es keine Selbstbestimmung der Menschen, keine Meinungsfreiheit, keine Wahlfreiheit und keine Gleichberechtigung, weder der Geschlechter noch der Menschen an sich. Die islamische Diktatur im Iran, die sich 1979 installierte, demonstrierte, wie zügig Religionen undemokratische und unmenschliche Verhältnisse einführen. Der sogenannte Kampf der Kulturen ist vor allem der Kampf der Religionen für vormoderne geistige und politische Verhältnisse.

●●● Fazit: Wie tolerant sich die Großreligionen verhielten und verhalten, war und ist immer nur eine Frage ihrer Macht. Die einfache Beziehung zwischen Macht und Toleranz lautete: Je mehr Macht, desto weniger Toleranz. ●●●●●●●●●●●●●●●●●●●●●●●●●●●●●

Toleranz und Redlichkeit

Zwar haben nicht nur die Religionen ein Problem mit der Toleranz, aber sie haben ein spezielles, weil sie die Vernunft diskreditieren und auf einer Übervernunft als einem argumentativen Schlupfloch beharren. Wer glaubt, über der Vernunft zu stehen und über besondere Einsichten und Wahrheiten zu verfügen, der glaubt auch, über besondere Rechte zu verfügen.

Aber nicht nur der Verweis auf übervernünftige, überlogische Wahrheiten diskreditiert den Anspruch der Religionen auf Teilhabe am gesellschaftlichen Dialog. Ihre Grundbehauptungen selbst, die Existenz von jenseitigen Sphären und das davon abgeleitete Daseinsverständnis, die Gebote und Verbote, sind nicht belegte Behauptungen, so dass die Religion mit beiden Beinen fest in der Luft steht. Deshalb müssten die Religionen, wenn sie sich redlich, das heißt, sich ihrem tatsächlichen Wissen gemäß, verhalten würden, die tolerantesten Anschauungen von allen sein.

Was kann man ungerechtfertigten Ansprüchen der Religionen entgegenhalten? Selbst wenn der Koran, die Bibel, die Veden usw. göttliches Wort wären, es muss die Sache jedes einzelnen Menschen sein, ob er das auch so sehen will. Solche Argumente interessierten Gläubige bisher wenig. Wichtig ist es, die politische Macht der Religionen einzuschränken, ihnen keinerlei Sonderrechte und Ansprüche einzuräumen. Dafür müssen Menschen eintreten.

Aus vernünftigen Einsichten lassen sich Regeln für alle Menschen ableiten, religiöse Überzeugungen können nur Geltung für Gläubige haben.

Der Vernunftgebrauch ist die Basis eines friedlichen und befriedigenden Zusammenlebens. In dem globalen Dorf, welches die Welt geworden ist, ist sie unverzichtbar. Schon die alten Griechen irritierte es, dass gute Argumente einen Menschen förmlich dazu zwingen, seine Meinungen zu ändern. Wer den Zwang vernünftiger Argumente verbieten will, durch Verweis auf höhere Einsichten, verbietet das wichtigste Instrument, um die Probleme der Menschheit friedlich zu lösen. Wer Empfängnisverhütung verbieten will, weil sie Gebote übernatürlicher Wesen verletzt, gefährdet das Überleben der Menschheit.

Blinder Glaube brachte unendlich viel Leid über diese Welt. Eltern sollten ihren Kindern deshalb beibringen, anderen nicht blindlings zu glauben und zu folgen. Im vergangenen Jahrhundert folgten Millionen Erwachsene blindlings ihren Führern. Die Folgen sind bekannt. Wir sollten allmählich die Konzepte blinden Glaubens und blinden Gehorsams überwinden,

Erst Toleranz ermöglichte die Entfaltung eines Wettbewerbs von Anschauungen und Ideen und damit den Fortschritt auf den verschiedensten Gebieten, vor allem der Wissenschaft und der politischen und sozialen Verhältnisse. Toleranz hat natürlich immer Grenzen und diese müssen immer wieder neu definiert werden. Die Bestimmung der Grenzen der Toleranz sollte im 21. Jahrhundert aber überall auf der Welt durch einen demokratischen Willensprozess, durch freie Diskussionen mit allen Betroffenen, zustande kommen.

●●● Fazit: Zwei Gründe, warum Religionen zur Intoleranz neigen: Religiöse Menschen neigen zur Intoleranz, weil sie durch Vernunft, Logik und Wissenschaft die Sicherheit gefährdet empfinden, welche ihnen der Glaube an die Hilfe übernatürlicher Wesen vermittelt. Religiöse Menschen und religiöse Institutionen neigen zur Intoleranz, weil Toleranz in der Regel einen Machtverlust bedeutet.

Zwei Gründe, warum Religionen tolerant sein sollten: Weil sie vollkommen unbegründete Überzeugungssysteme sind. Weil sie in der Vergangenheit nicht zur Lösung der menschlichen Probleme beigetragen, sondern diese Probleme und unsagbares Leid mit verursacht haben. ●

Zusammenfassung

Wie alle Ideen, Gebote und Verbote der Menschen waren auch religiöse Ideen, Gebote und Verbote Ausdruck gesellschaftlicher, wirtschaftlicher und ökologischer Verhältnisse. Sie waren mehr oder minder gute Lösungen für Probleme. Wenn sich Gesellschaften, Zeiten und Umwelten ändern, funktionieren aber viele dieser Lösungen nicht mehr. Das ist das Elend der Religionen und mit den Religionen: Sie verstehen sich als Problemlösungen für alle Gesellschaften, Umwelten und Zeiten. Sie waren es aber immer nur für bestimmte Gesellschaften, Umwelten und Zeiten; so gerne Religionen ewige Wahrheiten für sich gepachtet hätten.

Ich bin der Meinung, dass es für die Grundüberzeugungen der bisherigen Religionen keine guten Gründe, keine Belege, keine Spuren in dieser Welt gibt. Alle Gründe und Belege, die Gläubige anbieten, erweisen sich bei genauerem Hinsehen als Behauptungen, die sich viel plausibler als Folge von Indoktrination, Ängsten und Wünschen erklären lassen.

Als Kern der Religion bestimmten wir den Bezug auf das Jenseits. Für uns gehört alles zu dem großen Gebiet der Religion, ob Überzeugungen, Gegenstände, Verhaltensweisen und Institutionen, für die Menschen einen Jenseitsbezug behaupten. Auf diesen Kern bezieht sich unser Haupteinwand:

●●● **Fazit**: Die Kernbehauptung der Religion ist die Existenz von Jenseitigem, von Transzendentem. Alle ihre anderen Behauptungen bauen auf dieser Behauptung auf. Es gibt aber keine Belege, keine Nachweise, keine Spuren, die für die Existenz von Jenseitigem sprechen. Die Kernbehauptung der Religion ist ein Phantasma. ●●●●●●●●●●●●●●●●●●●●●●●●●●●●●●

Aus heutiger Sicht brachte die Religion völlig unbegründete Ängste hervor:

1. Die Angst vor einer feindlichen, lebensgefährlichen Umwelt weitete sich aus zur Angst vor Geistern.
2. Die Angst vor despotischen Vätern und Herrschern weitete sich aus zur Angst vor Göttern bzw. Gott.
3. Die Angst vor dem Tod und die Sehnsucht nach Aufhebung aller Mühsal und Leiden gebar die Fantasie eines ewigen paradiesischen Daseins.

Der Monotheismus verschärfte die Ängste, da das einzige Wesen, welche sie vollständig nehmen kann, zugleich das Wesen ist, welches die größten Ängste schürt.

●●● Fazit: Ursprung und Wesen der Religion ist die Angst und der Wunsch auf ein wundersames Ende aller Angst. ●●●●●●●●●●●●●●●●●●●●●●●●●●●●●●●●

Die Frage, was wir tun können, um weniger zu leiden, um zufriedener, um glücklicher zu leben, beantworten wir nicht, wenn wir auf ein vermeintliches Drüben schielen, auf die Hilfe übernatürlicher Wesen und auf übervernünftige Wahrheiten hoffen. Diese Frage beantworten wir, wenn wir unseren Blick auf die Gesellschaft und die Natur richten, auf die um uns und die in uns. Nur dann können wir verstehen, wer wir sind und was wir tun können, um weniger zu leiden.

Anmerkungen

1   Anonymus: Traktat über die drei Betrüger. Erschienen zwischen 1677 und 1700. Zit. nach Fischer, Peter: Philosophie der Religion. Göttingen 2007, S. 93. Mit den drei Betrügern sind Moses, Jesus und Mohammed gemeint.
2   Frankfurter Rundschau vom 11. April 2009.
3   Kutschera, Franz von: Vernunft und Glaube. Berlin 1990, S. 212.
4   Bördlein, Christoph: Das sockenfressende Monster in der Waschmaschine. Aschaffenburg 2002, S. 19.
5   Siehe zum Thema Magie, PSI etc. Weich, Thilo: Magier, Medien, Scharlatane: Voraussetzungen, Methoden und Analysen von Täuschungsvorgängen in Parapsychologie und Zauberkunst. Sindelfingen 1995; Harder, Bernd: Geister, Gothics, Gabelbieger. 66 Antworten auf Fragwürdiges aus Esoterik und Okkultismus. Aschaffenburg 2005; Goldner, Colin: Dalai Lama – Fall eines Gottkönigs. Aschaffenburg 2008.
6   Bartley, Nigel: Traumatische Tropen. München 2008, S. 138.
7   Ebenda, S. 132.
8   Onfray, Michel: Wir brauchen keinen Gott. München/Zürich 2006, S. 143.
9   Ebenda, S. 144.
10 Kilian, Andreas: Die Logik der Nicht-Logik. Aschaffenburg 2010, S. 51-52.
11 Ebenda, S. 51.
12 Ebenda, S. 53.
13 Saint-Mont, Uwe: Das Gehirn und sein Ich: über die Evolution und Konstruktion des Bewusstseins. Berlin 2002, S. 84.
14 Caesar, C.J.: Commentarii de Bello Gallico. VI, 13-18., zit. nach: Schüling, Hermann: Das Werden des Vorstellens (Geistes). Hildesheim/Zürich/New York 2006, S. 69.

15 Heine-Geldern, Robert: Kopfjagd und Menschenopfer in Assam und Birma und ihre Ausstrahlungen nach Vorderindien, zit. nach: Schüling, Hermann: Das Werden des Vorstellens (Geistes). Hildesheim/Zürich/New York 2006, S. 65.

16 Schüling, Hermann: Das Werden des Vorstellens (Geistes). Hildesheim/Zürich/New York 2006, S. 72 (Tippfehler im Original stillschweigend korrigiert).

17 Näheres zu den christlichen mystischen Erfahrungen in Frenken, Ralph: Kindheit und Mystik im Mittelalter. Frankfurt 2002; zu den buddhistischen mystischen Erfahrungen in Binder, Alfred: Mythos Zen. Aschaffenburg 2009.

18 Onfray, Michel: Wir brauchen keinen Gott. München/Zürich 2006, S. 218.

19 Neuwirth, Angelika: „Im vollen Licht der Geschichte". Die Wissenschaft des Judentums und die Anfänge der historischen Koranforschung. In: Hartwig, Dirk / Homolka, Walter / Marx, Michael J. / Neuwirth, Angelika (Hrsg.): „Im vollen Licht der Geschichte". Würzburg 2008, S. 35.

20 Eine genauere Prüfung der „Heiligen Schriften" nach den genannten Kriterien nehme ich wir in dem Band über die monotheistischen Götter vor: Jahwe, Jesus und Allah. Reihe Kritikpunkt.e. Aschaffenburg 2013.

21 Auf diese Absolutheitszuschreibungen und die grotesken Lehren, die sich aus ihnen ergeben, gehe ich detailliert in dem Band über die monotheistischen Götter ein. Auf den schwerwiegendsten Widerspruch muss ich aber hier schon hinweisen.

22 Näheres zu den inhumanen ethischen Lehren des Christentums findet sich in Buggle, Franz: Denn sie wissen nicht, was sie glauben. Aschaffenburg 2004. Zur grotesken Unmoral Allahs siehe: Binder, Alfred: Jahwe, Jesus und Allah, S. 65-98.

23 Fischer, Peter: Philosophie der Religion. Göttingen 2007, S. 94.

24 Ebenda, S. 118.

25 In *Mythos Zen* setzt sich der Autor ausführlicher mit der Thematik Geist-Materie im Abschnitt *Ist unser Bewusstsein Buddhanatur?* auseinander: Binder, Alfred: Mythos Zen. Aschaffenburg 2009.

26 Die meisten Ideen dieses Abschnitts verdanke ich Junker, Thomas / Paul Sabine: Der Darwin-Code. München 2010. Kap. 6.

27 Siehe Näheres bei Richard Dawkins: Der Gotteswahn. München 2008.

28 Siehe Voland, Eckart / Söling, Caspar: Die biologische Basis der Religiosität in Instinkten – Beiträge zu einer evolutionären Religionstheorie. In: Lüke, Ulrich / Schnakenberg, Jürgen / Souvignier, Georg (Hrsg.): Darwin und Gott. Darmstadt 2004, S. 54.

29 Siehe Vaas, Rüdiger / Blume, Michael: Gott, Gene und Gehirn. Stuttgart 2009, 2. Aufl., S. 174-178.

30 Fischer, Peter: Philosophie der Religion. Göttingen 2007, S. 72.

31 Siehe Dawkins, Richard: Der Gotteswahn. München 2008.

32 Das zeigt anschaulich der Psychologe und Evolutionsbiologe Norbert Bischof in seinem Buch Das Kraftfeld der Mythen, München/Zürich 1998.

33 Siehe Salcher, Ernst F.: Gott? Das Ende einer Idee. Frankfurt 2007, S. 99.

34 Vaas, Rüdiger / Blume, Michael: Gott, Gene und Gehirn. Stuttgart 2009, 2. Aufl., S. 211.

35 Zur Unvernunft dieser speziellen christlichen Glaubensinhalte siehe Binder, Alfred: Jahwe, Jesus und Allah, S. 99-107.

36 Näheres hierzu in Binder, Alfred: Mythos Zen. Aschaffenburg 2009, Abschnitt: Übersteigt Zen die Logik?

37 Hoerster, Norbert: Was können wir wissen. München 2010, S. 104.

38 Ebenda, S. 105.

39 Schnädelbach, Herbert: Aufklärung und Religionskritik. In: Deutsche Zeitschrift für Philosophie. Berlin 3/2006, S. 333.

40 Siehe Kutschera, Franz von: Vernunft und Glaube. Berlin 1990, S. 285ff.

41 Siehe Henkel, Peter: Ach, der Himmel ist leer. Berlin 2009, S. 98-101.

42 Hoerster, Norbert: Was können wir wissen. München 2010, S. 107.

43 Ebenda, S. 108.

44 Ebenda, S. 108.

45 Siehe Kroeger, Mathias: Evolutionstheorie und Theologie – gemeinsame Einsichten, gegenseitige Herausforderungen. In: Lüke, Ulrich / Schnakenberg, Jürgen / Souvignier, Georg (Hrsg.): Darwin und Gott. Darmstadt 2004, S. 114.

46 Fendl, Josef: Spezialitäten der bäuerlichen Küche. Straubing 1993, S. 161.

47 Siehe zur maßlosen Zerstörung der antiken Kultur durch das Christentum: Bergmeier, Rolf: Schatten über Europa. Der Untergang der antiken Kultur. Aschaffenburg 2012.

48 Papst Gregor XVI.: Enzyklika *Mirari vos*. Über Äußerungen zu den Verwirrungen in Kirche und Staat. 1832. Zitiert nach http://www.domus-ecclesiae.de/magisterium/mirari-vos.teutonice.html. Ein Dokument, welches sich für alle zu lesen lohnt, denen das Thema christliche Werte, Menschenrechte und Kirche am Herzen liegt.

Literaturliste

Akstinat, Simon: Bibel versus Koran. Frankfurt 2011.

Bartley, Nigel: Traumatische Tropen. München 2008.

Bergmeier, Rolf: Schatten über Europa. Der Untergang der antiken Kultur. Aschaffenburg 2012.

Die Bibel: Altes und Neues Testament. Einheitsübersetzung. Zitiert nach http://www.bibleserver.com/.

Binder, Alfred: Mythos Zen. Aschaffenburg 2009.

Bischof, Norbert: Das Kraftfeld der Mythen. München/Zürich 1998.

Bobzin, Hartmut: Mohammed. München 2006.

Bucaille, Maurice: Bibel, Koran und Wissenschaft. München 1994 (Erstaufl. 1976).

Buggle, Franz: Denn sie wissen nicht, was sie glauben. Aschaffenburg 2004.

Goldner, Colin: Dalai Lama – Fall eines Gottkönigs. Aschaffenburg 2008.

Dashti, Ali: 23 Jahre. Die Karriere des Propheten Muhammad. Aschaffenburg 2007.

Dawkins, Richard: Der Gotteswahn. München 2008.

Fischer, Peter: Philosophie der Religion. Göttingen 2007.

Fries, Heinrich (Hrsg.): Handbuch theologischer Grundbegriffe. 3 Bde. München 1970, Bd. 3.

Frenken, Ralph: Kindheit und Mystik im Mittelalter. Frankfurt 2002.

Görres, Albert: Kennt die Religion den Menschen? München 1986.

Harder, Bernd: Geister, Gothics, Gabelbieger. 66 Antworten auf Fragwürdiges aus Esoterik und Okkultismus. Aschaffenburg 2005.

Henkel, Peter: Ach, der Himmel ist leer. Berlin 2009.

Hoerster, Norbert: Was können wir wissen. München 2010.

Junker, Thomas / Paul Sabine: Der Darwin-Code: Die Evolution erklärt unser Leben. München 2010.

Kilian, Andreas: Die Logik der Nicht-Logik. Wie Wissenschaft das Phänomen Religion heute biologisch definieren kann. Aschaffenburg 2010.

Kessler, Hans: Evolution und Schöpfung in neuer Sicht. Kevelaer 2009.

Der Koran. Übersetzt von Hartmut Bobzin. München 2010.

Kroeger, Mathias: Evolutionstheorie und Theologie – gemeinsame Einsichten, gegenseitige Herausforderungen. In: Lüke, Ulrich / Schnakenberg, Jürgen / Souvignier, Georg (Hrsg.): Darwin und Gott. Darmstadt 2004.

Kutschera, Franz von: Vernunft und Glaube. Berlin 1990.

Lüke, Ulrich / Schnakenberg, Jürgen / Souvignier, Georg (Hrsg.): Darwin und Gott. Darmstadt 2004.

Lütz, Manfred: Gott. München 2007.

Neuner, Josef /Roos, Heinrich: Der Glaube der Kirche in den Urkunden der Lehrverkündigung. Regensburg 1971.

Neuwirth, Angelika: „Im vollen Licht der Geschichte". Die Wissenschaft des Judentums und die Anfänge der historischen Koranforschung. In: Hartwig, Dirk / Homolka, Walter / Marx, Michael J. / Neuwirth, Angelika (Hrsg.): „Im vollen Licht der Geschichte". Würzburg 2008.

Onfray, Michel: Wir brauchen keinen Gott. Warum man jetzt Atheist sein muss. München/Zürich 2006.

Saint-Mont, Uwe: Das Gehirn und sein Ich: über die Evolution und Konstruktion des Bewusstseins. Berlin 2002.

Salcher, Ernst F.: Gott? Das Ende einer Idee. Frankfurt 2007.

Schnädelbach, Herbert: Aufklärung und Religionskritik. In: Deutsche Zeitschrift für Philosophie. Berlin 3/2006.

Schüling, Hermann: Das Werden des Vorstellens (Geistes). Hildesheim/Zürich/New York 2006.

Weich, Thilo: Magier, Medien, Scharlatane: Voraussetzung, Methode und Analysen von Täuschungsvorgängen in Parapsychologie und Zauberkunst. Sindelfingen 1995.

Welzer, Harald: Alles ist möglich. In: Fischer, Ernst Peter / Wiegandt, Klaus: Evolution und Kultur des Menschen, Frankfurt 2010.

Witzel, Michael / Tohshifumi, Goto (Hrsg): RIG-VEDA. Das Heilige Wissen. Frankfurt/Leipzig 2007.

Links

http://www.bibleserver.com/
http://www.tauhid.net/cybernamen.html
http://www.yoga-vidya.de/Yoga--Artikel/art_veden.html.
http://www.gotquestions.org/deutsch/Gottes-Eigenschaften.html
http://www.domus-ecclesiae.de/magisterium/mirari-vos.teutonice.html

Alfred Binder

Jahwe, Jesus und Allah

Eine kurze Kritik der monotheistischen Götter

Reihe *Kritikpunkt.e*

165 Seiten, kartoniert,
Euro 10.-
ISBN 978-3-86569-121-7

Der zweite Band der Reihe *Kritikpunkt.e* setzt sich mit den drei „ab-rahamitischen" Religionen auseinander: Judentum, Christentum und Islam. Beleuchtet werden die meist verschwiegenen dunklen Seiten der Götter dieser Religionen: Jahwe, Jesus und Allah. Eine aufmerk-same Lektüre „ihrer" Schriften lässt verstehen, warum Intoleranz ein prägender Zug „ihrer" Religionen ist. Die „Heiligen Schriften" machen auch klar, dass Bestimmung, Sinn und Zweck des Menschen für diese Götter allein in Unterwerfung und Gehorsam liegen.
Der Autor geht vor allem der Frage nach, was für die Wahrheit dieser Religionen sprechen könnte. Er untersucht auf verständliche Weise ihre Lehren und zeigt, warum diese so viele Menschen ansprechen.

Alibri Verlag, Fon (06021) 581 734, www.alibri.de

Alfred Binder

Mythos Zen

ISBN 978-3-86569-057-9, 277 Seiten, kartoniert, Euro 18.-

Zen gilt vielen, die sich mit östlichen Religionen beschäftigen, als die „erhabenste Lehre". Seinem Anspruch nach soll es weder eine Religion noch eine Philosophie sein, sondern eine Lehre ohne Lehrinhalt. Zen verspricht nicht nur eine völlige psychische Verwandlung, sondern eine Erleuchtung, die vollkommene Einsicht in die Natur des Universums gewähren soll. Ausführlich wird dargestellt, dass die populären Behauptungen falsch sind, Zen übersteige die Logik und sei mit dem gewöhnlichen Verstand nicht begreifbar. Auch zeigen die geschichtlichen Fakten die Schwierigkeiten des Zen mit ethischen Prinzipien; dies manifestierte sich besonders im bisher größten historischen „Ausrutscher", der innigen Kooperation der Institution Zen mit dem japanischen Faschismus und die Verwandlung der zen-buddhistischen Philosophie in eine den Faschismus legitimierende Ideologie. Zwar bedeutet das japanische Zen in der Theorie einen Rückfall in schlechte Metaphysik und in der Praxis oft Militarismus, trotzdem kann Zen, jenseits von Mystik und Metaphysik, für den Einzelnen sehr wohl eine therapeutische Funktion haben. Der Autor arbeitet diese genau heraus und zeigt damit den „ursprünglichen Sinn" dieser Praxis auf.

Andreas Kilian

Die Logik der Nicht-Logik

Wie Wissenschaft das Phänomen Religion heute biologisch definieren kann

ISBN 978-3-86569-062-3, 230 Seiten, kartoniert, Euro 17.-

Wer Religion mit Biologie in Verbindung bringt, kann sich auf Widerspruch gefasst machen. Versuche, das Phänomen Religion evolutionsbiologisch zu erklären, werden geradezu als Sakrileg gewertet. In *Die Logik der Nicht-Logik* zeigt Andreas Kilian, was deren Vertreter lauthals bestreiten: Religion ist evolutiv nicht notwendig, aber ein sehr effektives Mittel zu rein biologischen Zwecken. Aktuelle Forschungsergebnisse bilden die Basis für eine biologisch-naturwissenschaftliche Definition, die ohne Bezug auf jenseitige Mächte auskommt. Das Phänomen Religion spiegelt sich im menschlichen Verhalten wider, dessen biologische und kulturelle Voraussetzungen einer wissenschaftlichen Analyse zugänglich sind. Religion befriedigt keineswegs nur spirituelle Bedürfnisse, sondern kann als sehr diesseitige persönliche Erfolgsstrategie begriffen werden, als eine Vorteilsnahme mit Hilfe nicht überprüfbarer Argumente.

Alibri Verlag, Fon (06021) 581 734, www.alibri.de

Colin Goldner
Dalai Lama – Fall eines Gottkönigs
Zweite, überarbeitete und erweiterte Auflage
ISBN 3-86569-021-1, 735 Seiten, Fotos, kartoniert, Euro 34.-

Colin Goldner zeichnet das Leben des 14. Dalai Lama seit dessen Geburt (1935) und „Entdeckung" nach. Chronologisch stellt der Autor die verschiedenen Stationen des „Gottkönigs" dar. In einer Reihe von „Exkursen" werden darüber hinaus Hintergrundinformationen geboten zu bestimmten Aspekten der buddhistischen Lehre, der tibetischen Geschichte oder der Biographie des Dalai Lama. Dabei zeigt sich, dass das im Westen vorherrschende Bild von Tibet und dem Buddhismus stark idealisiert ist.

Franz Buggle
Denn sie wissen nicht, was sie glauben
Oder warum man redlicherweise nicht mehr Christ sein kann
Eine Streitschrift
ISBN 978-3-86569-077-7, 463 Seiten, kartoniert, Euro 24.-

Buggle stellt die Frage, ob jemand gleichzeitig auf dem Fundament der Bibel Christ sein & intellektuell redlich bleiben, konsequent denken, human handeln kann – und antwortet mit Nein. Der Psychologieprofessor belegt diese Einschätzung anhand einer Analyse biblischer Texte (auch des Neuen Testaments). Dabei weist er im „Buch der Bücher" nicht nur zahlreiche inhumane Stellen nach, sondern setzt sich auch kritisch mit den Folgen biblischer Vorstellungen für die ethische Orientierung des Einzelnen auseinander. Buggles Kritik richtet sich zudem gegen zeitgenössische „progressive" Theologen und christliche Wissenschaftler, die zwar die Kirche negativ bewerten, aber an der Bibel und „christlichen Werten" festhalten.

Ali Dashti
23 Jahre. Die Karriere des Propheten Muhammad
Übersetzt, überarbeitet und herausgegeben von Bahram Choubine und Judith West
ISBN 3-932710-80-0, 344 Seiten, kartoniert, Euro 18,50.-

23 Jahre dauerte das Prophetentum von Muhammad, dem Begründer des Islam. Ali Dashti (1896-1981) zeichnet die Karriere des Religionsstifters aus einer kritischen Perspektive nach. Er entlarvt die Widersprüchlichkeiten und Ungereimtheiten der muslimischen „Offenbarung" und erklärt die sehr weltlichen Hintergründe der religiösen Gebote des Islam aus dem historischen Kontext. Im Mittelpunkt seiner Kritik steht die Verstrickung von Religion und politischer Macht, die sich bereits in den ersten Jahren erkennen lässt.

Alibri Verlag, Fon (06021) 581 734, www.alibri.de

Bernd Harder
Geister, Gothics, Gabelbieger
66 Antworten auf Fragwürdiges aus Esoterik und Okkultismus
ISBN 3-86569-002-5, 206 Seiten, kartoniert, Euro 14.-

Magie, Okkultismus und Esoterik sind heutzutage alltägliche Erscheinungen. Bei genauerem Hinsehen stellt sich jedoch häufig heraus, dass der Schein trügt. Fast immer lassen sich die scheinbar übersinnlichen Phänomene nachvollziehbar erklären – ohne dass der Boden der Tatsachen verlassen werden muss. Bernd Harder zeigt, worauf es ankommt, um das vermeintlich Unerklärliche zu durchschauen.

Marcus Hammerschmitt
Instant Nirwana
Überarbeitete Neuauflage
ISBN 3-86569-005-X, 110 Seiten, kartoniert, Euro 11,50

Ein Essay über Religion und Esoterik in Zeiten des globalisierten Kapitalismus. Der Autor spürt den Irrationalismus in verschiedenen Bereichen der Gesellschaft und unterschiedlichen Erscheinungsformen auf, entlarvt die verqueren Denkweisen der Esoteriker ebenso wie die Muster der Manipulation. „Wahre Geschichten" veranschaulichen die Ausführungen.

Esther Vilar
Die Schrecken des Paradieses
Wie lebenswert wäre das ewige Leben?
Überarbeitete Neuauflage
ISBN 978-3-86569-046-3, 139 Seiten, kartoniert, Euro 13.-

Wie wäre es eigentlich, wenn es das Paradies im Jenseits wirklich gäbe? Welches Bild von den himmlischen Welten dürfen wir uns machen? Esther Vilar unternimmt den Versuch einer Antwort und führt uns durch den Himmel, erläutert das Sexualverhalten der Engel, verrät Rezepte aus der paradiesischen Küche, analysiert die jenseitige Medienlandschaft...

Claudia Barth
Über alles in der Welt – Esoterik und „Leitkultur"
Eine Einführung in die Kritik irrationaler Welterklärungen
Zweite, erweiterte Auflage
ISBN 3-86569-036-X, 212 Seiten, Abbildungen, Euro 14.-

Der Band bietet eine systematische Einführung in zentrale Aspekte esoterischer Ideologien und problematisiert ihren Einfluss auf die Gesellschaft. Nach einer theoretischen Fundierung der Kritik werden die historischen Wurzeln des Okkultismus dargelegt, zentrale Begriffe der Esoterik erläutert und wichtige aktuell aktive oder von größeren Kreisen rezipierte Personen und Gruppierungen vorgestellt.

Alibri Verlag, Fon (06021) 581 734, www.alibri.de